다음세대에게 말씀을 먹이는 교사

KB191557

다음세대에게 말씀을 먹이는 교사

2016년 12월 11일   1판 1쇄 발행

지은이 / 주영광 저

발행인/ 주재홍
편집디자인 / 정경옥
펴낸곳 / 해피비전
등록번호 / 제 385-2008-00006 호
주소 / 경기도 안양시 동안구 경수대로 715, 화성빌딩 202A
전화 / (031) 348-9377, 팩스/ (031) 454-9381

ISBN 978-89-8768-010-7   03230

해피비전은 현장에서 필요한 도서를
출간하기 위해 최선을 다하고 있습니다.
http://www.hv365.co.kr

다음세대에게 말씀을 먹이는 교사

주영광 저

해피비전
HAPPY

시작하는 글

예수님은 누구보다도 어린이를 사랑하십니다. 어린이는 다음세대를 책임지는 존재이기 때문입니다. 예수님은 다음세대를 위해 어린이를 믿음으로 잘 양육하기를 바라십니다. 어린이가 믿음으로 잘 양육되어야 한국교회의 미래가 밝아집니다.

현재 한국교회의 시급함은 어린이들이 계속해서 감소하고 있는 것입니다. 마치 유럽에 있는 교회처럼 어린이와 젊은이들이 교회를 떠나고 노인들만 교회를 지키는 모습이 미래의 한국교회의 모습이 될 수도 있습니다. 한국교회도 어린이들이 세상으로 밀물처럼 빠져나가지 않도록 참된 교사들이 세워져야 합니다.

하지만 아직 희망은 있습니다. 아직도 교회 안에는 주님이 좋아서 오는 아이들이 많이 있기 때문입니다. 교회에 오지 않는 아이들을 보며 안타까워 하기보다는 교회 안에 있는 보석 같은 영혼들을 더 잘 키워야 합니다. 교회 안에 있는 어린이들부터 말씀으로 양육해야 합니다. 말씀의 사람으로 키워야 세상에 뺏기지 않습니다.

예수님께서 하나님의 나라를 확장하기 위해서 제자들을 선택하셨습니다. 주님이 선택한 제자들은 엘리트가 아니었습니다. 세상 사람들의 기준으로 보면 어딘가 부족한 사람들이었습니다. 주님은 이런 제자들을 말씀으로 교육하셨고, 이들은 3년이 지난 후에 사도행전에 놀라운 부흥의 역사를 기록한 인물들이 되었습니다.

주님은 어린이에게 말씀으로 양육하기 위해서 교사를 부르셨습니다. 교사는 그 어떤 일보다 말씀을 아이들에게 전수해야 할 사명을 받았습니다. 주님은 교사를 부르실 때 세상의 조건을 보지 않았습니다. 주님이 교사를 선택할 때 보시는 것이 있습니다.

"네가 날 사랑하느냐? 내 어린 양을 먹이라."

교사는 주님을 사랑하는 마음이 있어야 합니다. 교사가 주님을 사랑하는 마음이 없으면 할 수 없습니다. 교사는 아무 대가 없이 값없이 하는 봉사입니다. 아무 조건 없이 아침부터 밤까지 아이들을 위해서 수고합니다. 한 주 동안 아이들을 위해 기도하고, 말씀을 준비하며 전도하기를 힘씁니다. 이런 헌신을 하는 이유는 주님을 사랑하기 때문입니다. 주님을 사랑하지 않으면 절대로 할 수 없습니다.

오늘날에 교회 학교 안에는 진리의 말씀을 선포하는 복음의 메시지보다는 아이들의 오감을 만족하게 해 주는 프로그램이 많이 도입되고 있습니다. 그러나 이런 것만으로는 어린 영혼이 변화되지 않습니다. 어린 영혼이 변화될 수 있는 유일한 방법은 바로 '말씀' 입니다. 말씀이 아니고는 어린 영혼을 변화시켜 온전한 주님의 제자로 세울 수 없습니다. 하나님을 사랑하는 교사들이 어린 영혼에게 꼭 주어야 할 것은 '말씀"입니다.

예수님이 말씀하셨듯이 "내 어린 양을 먹이라!"를 기억해야 합니다. 주님의 어린양에게 필요한 양식을 먹여야 합니다. 여기서 중요한 것은 내 양이 아니라 주님의 양을 먹이는 것입니다. 주님의 어린양에게 완전하지 못한 나의 지식과 나의 경험을 교육하지 말고, 주님의 방법인 말씀으로 교육해야 합니다. 이것이 주님이 진정으로 원하신 '말씀교사' 입니다.

말씀교사는 주님을 사랑하는 마음이 가득할 뿐만 아니라, 주님의 말씀이 마음속에 가득한 사람이어야 합니다. 마음속에 가득한 말씀을 어린이들에게 폭포수처럼 쏟아내는 사람이 말씀교사입니다. 말씀교사는 말씀을 모르면 절대로 감당할 수 없습니다. 내 안에 말씀이 가득해야 합니다. 말씀이 가득하기 위해서는 내가 먼저 말씀을 배우고 암송해야 합니다.

이 책을 통하여 교사들이 말씀교사로 새롭게 거듭났으면 좋겠습니다. 그리고 어린이들에게 성경을 쉽고 재미있게 가르칠 방법을 습득하기 위해 노력하는 교사들이 되었으면 합니다. 그래서 한국교회에 있는 우리 어린이들의 마음에 지워지지 않는 말씀이 새겨지기 바랍니다. 어두운 세상에 우뚝 서 있는 반석 같은 믿음으로 성장하기를 간절히 소망합니다.

이 책을 출간하기까지 인도해 주신 하나님께 감사드리며, 곁에서 기도와 편집으로 도와준 아내에게도 감사합니다.

주 영 광

차례 ——————————————————

1부
말씀교사

1 말씀교사를 찾으시는 하나님

예수님은 이 땅에서 쉼 없이 전도하시고 말씀을 가르치셨습니다. 특히 사람을 가르치고 교육하는 일에 더욱 애착을 두셨습니다. 예수님의 관심은 사람을 키우는 데 있었습니다. 사복음서에 예수님의 전도사역이 약 90회 정도 나타납니다. 이 중에 60회 정도가 가르치는 일을 하셨고, 30회 정도는 설교하셨습니다.

예수님은 교사의 모습으로 가르치는 일에 헌신하셨습니다. 예수님 사역의 시작은 바로 갈릴리 회당에서 가르치는 일을 하시면서 시작되었습니다.

"예수께서 성령의 능력으로 갈릴리에 돌아가시니 그 소문이 사방에 퍼졌고 친히 그 여러 회당에서 가르치시매 뭇사람에게 칭송을 받으시더라." (누가복음 4:14~15)

예수님은 하나님의 나라를 확장하기 위해서 제자들을 선택하시고 교육하셨습니다. 제자들은 예수님의 말씀교육을 받으면서 점점 새로운 사람으로 변화되었습니다. 하나님 나라의 거룩한 소명을 가슴에 안고 그 뜻대로 사는 힘을 얻었습니다.

예수님은 아주 탁월한 교사셨습니다. 좋은 교육을 받지 못한 제자들에게 하나님의 말씀을 쉽게 이해하도록 가르치셨습니다. 제자들은 예수님이 주시는 말씀을 듣고 배우면서 훗날 초대교회를 반석 위에 세우는 놀라운 일을 하였습니다. 말씀은 사람의 생각과 마음을 변화시키는 놀라운 힘이 있습니다. 하나님의 말씀은 살았고 운동력이 있어서 사람의 영혼을 바르게 성장시킬 수 있는 능력이 있습니다.

"하나님의 말씀은 살아 있고 활력이 있어 좌우에 날선 어떤 검보다도 예리하여 혼과 영과 및 관절과 골수를 찔러 쪼개기까지 하며 또 마음의 생각과 뜻을 판단하나니." (히브리서 4:12)

말씀을 듣고 성장한 제자들의 마음속에는 이전에 없었던 새로운 사명이 생겨났습니다. 과거에는 그저 어부로 한 인생 걱정 없이 살기를 원했지만, 예수님을 만난 이후에는 달라졌습니다. 예수님께서 제자들을 말씀으로 교육했듯이 제자들도 또 다른 사람에게 말씀을 전하겠다는 사명이 생겼습니다.

예수님은 이 땅에서의 사역을 마치고 하나님 나라로 승천하기 전 제자들에게 마지막 유언을 남기셨습니다. 그것이 바로 말씀을 다음 세대에 전하라는 사명입니다. 제자들은 예수님의 사명을 분명히 들었고, 그 들었던 사명을 행해야 할 의무가 생겼습니다.

제자들이 2천 년 전에 받았던 사명이 바로 오늘날 우리 교사가 이루어야 할 사명이기도 합니다. 교사에게 가장 중요한 것은 예수님이 마지막으로 우리에게 부탁하신 말씀을 다음 세대에 전하는 것입니다. 이 사명을 감당하는 교사를 바로 '말씀교사'라고 할 수 있습니다. 교사가 다른 것은 잘하는데 말씀을 다음 세대에 전달하지 못하면 잘못된 것입니다. 교사에게 최고의 우선순위는 말씀 전달에 있습니다. 말씀을 전하기 위해 몸부림치는 열정이 있지 않으면 불가능합니다.

아이들에게 말씀을 교육하기 위해서는 아이들이 어떤 문화 속에서 살아가는지를 알아야 합니다. 요즘 아이들을 잡기 위해서 교회에서는 준비하는 모습을 들여다볼 필요가 있습니다. 인터넷과 TV, 화려한 가수들을 보는 아이들을 교회에서 다양한 프로그램으로 잡아보려고 합니다. 푸짐한 선물도 주고, 재미있는 연극, 놀이 문화, 레크레이션 등을 투자합니다. 재미있는 주일학교는 될 수 있게 하려고 끊임없이 노력합니다. 그래서 아이들은 행복하게 주일을 보내고 집으로 갑니다. 마음에 새기고 가야 하는 말씀도 그냥 재미있는 이야기를 듣듯이 감동은 받지만 변화가 없는 아이들을 봅니다. 요즘 시대에 어떤 교사가 있어야 하는가를 고민하게 합니다. 마치 부모가 어린아이에게 간식주고, 놀아주고 선물도 사주면서 행복하게 지내지만 정작 먹어야 할 주식인 밥을 주지 않는 모습과 다를 바 없다고 생각합니다.

주일학교 아이들에게 주식이라고 할 수 있는 말씀을 먹이지 않는 교사는 진정한 교사라고 할 수 없습니다. 진정한 교사는 매주 준비된 말씀을 아이들에게 피와 살이 되도록 전해야 합니다. 이런 교사가 진정한 교사이면서 '말씀교사'라 할 수 있습니다.

2 말씀교사는
사명이 있습니다

      사람은 누구에게나 이 세상에 태어난 목적
이 있습니다. 그것을 "사명"이라고 합니다. 사명은 이 세상에 살
면서 반드시 이루어야 할 일입니다. 사명이 있는 사람은 행복한
사람입니다. 그러나 사명이 없는 사람은 불행한 사람입니다.

  사명을 받은 시점에 따라서 구분해 보면, 첫째는 주님을 만나기
전에 사명이 있고, 둘째는 주님을 만난 후에 사명이 있습니다. 주
님을 만나기 전에 사명은 오직 자신만의 성공과 출세를 위한 것이
지만, 주님을 만난 이후에 사명은 하나님을 기쁘시게 하려고 존재
하는 사명입니다. 예수님을 만난 우리에게 가장 중요한 사명은 하
나님의 나라와 의를 구하는 것입니다.

> "너희는 먼저 그의 나라와 그의 의를 구하라 그리하면 이 모든 것
> 을 너희에게 더하시리라." (마태복음 6:33)

예수님을 만난 사람은 모든 것이 새로워집니다. 생각도 변하고, 마음도 변하고, 태도와 언어도 모두 새롭게 변화됩니다. 특별히 자신의 인생을 통해 이루어야 할 사명도 새롭게 변화됩니다. 인생의 우선순위가 새롭게 바뀝니다. 이전에는 자신의 성공과 출세가 우선이 되었지만, 예수님을 만난 이후에는 하나님의 나라와 의가 우선이 됩니다.

사람의 능력에는 한계가 있어서 할 수 있는 일과 하지 못하는 일이 있습니다. 그래서 자신이 중요하다고 생각하는 것을 먼저 해야 합니다. 이것이 삶의 우선순위입니다. 예수님을 만나 변화된 사람들은 모두 우선순위가 변한 사람들입니다.

예수님을 만난 사람들의 최고의 우선순위는 '먼저 그의 나라와 그의 의를 구하는 것'입니다. '먼저' 해야 할 일이 생긴 것입니다. 먼저 해야 할 일은 아주 긴급한 일이면서 중요한 일입니다. 바로 하나님의 일입니다. 먼저 하나님의 나라를 구하고 의를 구하는 일이 최고의 우선순위가 되어야 합니다.

성경의 인물들은 자신의 사명을 정확히 알고 있었습니다. 무엇을 해야 할지 고민하지 않았습니다. 먼저 해야 할 일이 정해져 있었기 때문입니다. 하나님의 나라와 의를 위해서는 고민하거나 주저하지 않았습니다. 하나님이 맡겨주신 사명을 위해 그저 앞만 보고 뛰어갔습니다.

예수님도 이 땅에 온 자신의 사명을 정확히 알고 계셨습니다. 오직 하나님 나라의 사명을 감당하기 위해서 사셨습니다. 하나님 나라의 사명은 인간의 힘으로 이루어지는 것이 아닙니다. 예수님은 하나님 나라의 사역을 시작하시기 전에 세례 요한에게 세례를 받으셨습니다. 예수님이 세례를 받으신 후에 하늘이 열리고 성령이 비둘기같이 예수님의 머리 위로 내려왔습니다. 그리고 하늘에서 장엄한 소리가 들려왔습니다.

"하늘로부터 소리가 있어 말씀하시되 이는 내 사랑하는 아들이요 내 기뻐하는 자라 하시니라." (마태복음 3:17)

예수님은 하늘에서 "하나님의 사랑하는 아들이요 기뻐하는 자"라는 말씀을 들었습니다. 하나님은 모든 사람을 사랑하십니다. 하나님은 인간을 창조하셨기 때문에 인간을 누구보다도 사랑하십니다. 그러나 모든 사람을 사랑하지만 모든 사람을 보면서 기뻐하지는 않습니다.

구원받은 모든 성도는 하나님께 "사랑하는 자요 기뻐하는 자"라는 말씀을 들어야 합니다. 하나님은 우리 모두를 사랑하십니다. 그렇다면 이제 우리는 하나님이 기뻐하는 자가 되어야 합니다. 하나님의 기뻐하는 자가 되기 위해서는 하나님이 주신 사명과 뜻을 이루어야 합니다.

성경 인물 중에는 예수님처럼 하나님이 사랑하고 기뻐하는 분들이 많았습니다. 이들의 공통점은 하나님이 기뻐하시는 일을 이루기 위해 노력했던 사람들이었습니다. 하나님이 기뻐하는 일은 죽어가는 영혼을 전도하는 일이고, 다음 세대에게 말씀을 전하는 일입니다. 전도와 말씀전파가 하나님이 가장 기뻐하는 일입니다.

예수님은 이 땅에서 이 두 가지 일에 집중하셨습니다. 영혼을 구원하는 일과 말씀을 전하는 일을 삶의 우선순위로 하셨습니다. 예수님은 영혼을 구원하는 일이라면 식사도 하지 않으시고 잠도 줄여가면서 헌신하셨습니다. 영혼을 구원하기 위해 말씀을 전하며 전도하셨습니다. 예수님의 인생을 요약하면 전도하시고 말씀을 전하시는 삶을 사셨습니다. 사도행전의 주역인 사도들도 예수님처럼 두 가지 일에 일생을 헌신하였습니다. 사도행전 중심의 두 바퀴는 전도와 말씀전파입니다.

신약성경의 많은 부분을 기록한 사도 바울도 예수님을 만난 이후 그의 전 생애가 바뀌었습니다. 예수님을 만나기 전에는 자신의 야망과 뜻을 이루는 일에 열정을 다했지만, 주님을 만난 후에는 이 모든 것이 달라졌습니다.

예수님처럼 영혼을 위해 그의 인생을 드렸습니다. 복음을 전하기 위해 자신의 모든 특권을 버리고 고난을 감수하였습니다. 전도하는 일을 위해서라면 어떤 고난과 역경이 있어도 굴하지 않고 달려갔습니다. 그리고 그들에게 말씀을 전했습니다. 그 이유는 예수님이 가장 기뻐하는 일이 전도하는 것과 말씀 전하는 것이었기 때문입니다.

교사는 예수님, 사도들, 바울처럼 영혼을 구원하기 위해서는 준비되어 있어야 합니다. 특별히 말씀에 대한 준비가 되어 있어야 합니다. 다른 준비를 아무리 많이 했어도 말씀에 대한 준비가 전혀 안 되어 있다면 하나님의 일을 할 수 있는 자격이 너무 부족합니다. 그 어떤 준비보다 말씀에 대한 준비가 중요합니다.

오늘날 교회 안에는 수많은 교사가 있습니다. 그런데 교사를 한다고 모두 예수님을 기쁘시게 하는 일을 하는 것은 아닙니다. 예수님이 기뻐하는 교사는 전도하는 교사, 말씀을 전파하는 교사입니다. 교사를 얼마나 오래 했느냐 보다 더 중요한 것은 말씀을 얼마나 열정을 다해 전하는 교사였는지가 더욱 중요합니다. 말씀을 아이들에게 전하는 교사가 바로 예수님이 기뻐하는 말씀교사입니다.

예수님은 오늘날에 교사들에게 말씀을 온전히 가르치는 말씀교사가 되기를 간절히 원하고 계십니다.

교사는 그 어떤 것보다도 말씀에 대한 해박한 지식과 말씀을 배우고자 하는 열정이 있어야 합니다. 자신이 말씀교사가 되지 못하고서는 아이들에게 말씀을 전할 수도 없고 영혼을 구원할 수도 없습니다.

영혼을 구원하기 위해서는 반드시 말씀이 있어야 합니다. 말씀이 아니고서는 영혼을 구원하는 것은 불가능합니다. 말씀은 생명입니다. 말씀 안에 하나님의 생명이 있습니다. 말씀만이 죄에 빠진 인간을 새롭게 거듭나게 할 수 있습니다. 하나님이 가장 기뻐하는 일이 바로 말씀을 전하는 것이며, 그 말씀으로 말미암아 인간의 영혼이 거듭나는 것입니다. 말씀 교사는 바로 이런 사명을 감당하는 사람입니다.

교사의 사명은 어린아이들의 영혼 속에 말씀을 새기는 것입니다. 교사가 말씀을 가르치지 않으면 그 아이의 내일은 없습니다. 오늘 말씀을 가르치는 교사가 있을 때 내일 하나님의 일꾼이 존재할 수 있습니다.

3 말씀교사는 주님을 사랑해야 합니다

　　　　　　　　말씀교사는 그 어떤 조건보다 앞서야 하
는 것은 주님을 사랑하는 마음입니다. 주님을 사랑하지도 않으면
서 그 어떤 것을 준비했을지라도 교사로서의 자격으로는 부족합니
다. 특별히 영혼을 위해 말씀을 전하는 말씀교사가 기본적으로 가
지고 있어야 하는 것은 주님을 사랑하는 마음입니다. 주님을 사랑
하는 것 다음에 교사로서의 재능과 덕목이 의미가 있습니다.

　주님이 선택한 제자들은 세상 사람들의 기준으로 보면 어딘가
부족한 사람이었습니다. 그러나 예수님은 주저하지 않고 부족해
보이는 그들을 선택해서 사도로 부르시고, 사도행전의 장엄한 역
사를 열어가는 일꾼으로 삼아주셨습니다. 주님의 제자들에게는 누
구보다도 예수님을 사랑하는 마음이 있었습니다. 예수님을 사랑하
는 그 마음 하나로 가족도 뒤로 하고 자신의 출세도 포기하고 주
님을 따랐습니다.

특히 베드로는 주님을 사랑하는 수제자였습니다. 그는 비록 어부였지만 베드로의 열정적인 성품과 누구보다 주님을 사랑하는 마음이 있었기에 훗날 교회사의 중심인물이 될 수 있었습니다. 베드로는 3년간 열심히 주님을 따라다니면서 주님의 사역을 직접 눈으로 보고 체험했습니다.

베드로는 쉽게 흥분하는 다혈질적인 기질이 있었습니다. 언제나 나서기를 좋아했고, 어떤 일이든 앞장서서 일하려고 하는 열심이 있었습니다. 그러나 이런 다혈질적이고 급한 성격으로 실수하여 주님께 책망을 받을 때도 있었습니다.

어느 날, 예수님은 마지막 만찬을 마치시고 제자들에게 무거운 표정으로 말씀하셨습니다.

"오늘 밤에 너희는 모두 나를 버릴 것이다."

그러자 성질 급한 베드로가 벌썩 뛰며 밀했습니다.

"예수님! 말도 안 됩니다. 여기 있는 사람들은 주를 버릴지라도 나는 절대로 주님을 부인하지 않을 것입니다!"

그러자 예수님은 이렇게 말씀하셨습니다.

"베드로야, 진실로 네게 이르노니 오늘 밤 닭 울기 전에 네가 세 번이나 나를 부인할 것이다."

그러자 베드로는 말도 안 된다는 듯이 예수님의 말씀을 부인했습니다. 예수님은 나보다 나를 더 잘 알고 계십니다. 그런데 베드로는 예수님의 말씀보다 자신을 더 확신했습니다. 신앙은 자기 자신을 믿는 것이 아닙니다. 자기 자신을 버려야 합니다. 그런데 베드로는 예수님을 3년이나 따라다녔지만, 여전히 예수님보다 자신을 더 의지하고 믿었습니다.

종교지도자들은 가룟 유다를 이용해 예수님을 밧줄로 꽁꽁 묶어서 대제사장인 가야바에게로 끌고 갔습니다. 종교지도자들은 예수님을 채찍으로 때리고 침을 뱉으며 모욕했습니다. 이때 베드로는 잡혀간 예수님이 궁금해서 성전 바깥 뜰에서 서성이면서 상황을 살피고 있었습니다.

그때 한 여인이 베드로가 예수님과 함께 있던 제자인 것을 사람들 앞에서 크게 말했습니다. 그러나 겁을 먹은 베드로는 그 여인의 말을 부인하면서 자신은 절대로 예수님과 함께 있지 않았다고 하였습니다. 그리고 서둘러 그 자리를 떠나서 걸어오는데 다른 한 여인이 베드로를 알아보고 소리쳤습니다.

"어! 이 사람도 나사렛 예수와 함께 있었습니다."

그러자 베드로는 굳게 맹세하면서 말했습니다.

"나는 그 사람을 알지 못합니다!"

베드로는 도망치듯 그 자리를 떠났습니다. 그러자 도망치던 베드로를 눈여겨 본 사람이 크게 외쳤습니다.

"맞다. 맞아! 바로 이 사람도 그 일당 중 한 사람이다."

그러자 베드로는 겁에 질린 표정으로 예수님을 저주하고 굳게 맹세하면서 나는 모른다고 하였습니다. 베드로는 결국 그토록 사랑하는 예수님을 무려 3번이나 부인하고 저주까지 하였습니다.

그렇게 예수님을 부인하고 뛰쳐나오는데 닭 우는 소리가 귀에 들렸습니다. 베드로는 닭 울기 전에 세 번 나를 부인하게 될 것이라는 예수님의 말씀이 기억났습니다. 베드로는 밖에 나와 심히 통곡하였습니다.

베드로는 예수님을 저주하고 부인했다는 사실에 너무나 괴로웠습니다. 다른 사람은 모두 예수님을 배반해도 자신만은 절대로 예수님을 배반하지 않겠다고 자신했지만, 오히려 자신이 앞장서서 예수님을 부인한 것에 대해 참을 수가 없었습니다. 베드로는 절망스러운 마음으로 고향으로 돌아가 다시 고기 잡는 어부 일을 하였습니다. 그리고 예수님은 고난을 겪으시고 십자가에서 상상할 수 없는 고통을 받으시면서 돌아가셨다는 소식을 들었습니다.

그렇게 얼마간에 시간이 지난 후에 베드로는 여진히 절망스러운 마음으로 고기를 잡으러 갈릴리 강가로 나갔습니다. 그러나 그날따라 아무리 그물을 던져도 물고기를 한 마리도 잡히지 않았습니다. 그렇게 날이 저물어 갈 때에 누군가 그물을 오른편에 던지라고 하셨습니다. 베드로와 다른 제자들은 그분의 말을 듣고 그물을 던지자 고기가 너무 많이 잡혀서 그물을 들 수가 없을 정도였습니다.

그때 한 제자가 베드로에게 "앗! 주님이 저기에 계신다."라고 하였습니다. 이 말을 들은 베드로는 놀라서 앞뒤 생각하지 않고 곧바로 바다로 뛰어들었습니다. 그리고는 주님을 만나서 부둥켜안고 울었습니다. 주님은 베드로와 제자들을 위해 물고기를 구워주시고 떡도 준비해 두셨습니다. 그렇게 식사를 마치시고 베드로에게 물었습니다.

"요한의 아들 시몬아, 이 사람들보다 나를 더 사랑하느냐?"

"예, 제가 주님을 사랑하는 줄 주님께서 아십니다."

"그렇다면 내 어린양을 먹이라."

잠시 침묵이 이어졌습니다. 예수님이 다시 베드로에게 물었습니다.

"요한의 아들 시몬아, 네가 나를 사랑하느냐?"

"그렇습니다. 제가 주님을 사랑하는 것을 주님이 아십니다."

"내 양을 치라."

예수님이 세 번째로 베드로에게 물었습니다.

"요한의 아들 시몬아, 네가 나를 사랑하느냐?"

그러자 베드로는 심히 근심하고 근심하였습니다. 왜냐하면, 그토록 사랑하는 예수님을 세 번이나 부인한 것이 생각이 났기 때문입니다. 그러나 여전히 베드로는 주님을 사랑하고 있었습니다. 베드로는 근심하여 대답하였습니다.

"예, 주님! 제가 주님을 사랑하는 것을 주님이 아십니다."

"내 양을 먹이라."

예수님은 베드로의 실수를 책망하지 않으셨습니다. 지난 일에 대해서 언급하지 않으셨습니다. 오직 한 가지 '나를 사랑하느냐?' 라고 물었습니다. 주님이 사명을 주실 때 단 한 가지의 조건은 예수님을 사랑하는 마음입니다. 예수님을 사랑한다고 고백하는 나에게 주시는 사명은 '내 양을 먹이라' 입니다.

말씀교사는 주님의 양을 먹이는 사명이 있습니다. 여기서 분명한 것은 '주님의 양' 입니다. '내 양' 이 아닙니다. 주님의 양이기에 최고의 것을 먹여야 합니다. 바로 말씀으로 양육해야 합니다. 주님을 사랑한다면 주님이 원하는 것을 주어야 합니다. 주님이 원하는 것은 잃어버린 주님의 양들에게 말씀을 먹이는 것입니다. 말씀을 가르치고 양육하는 것을 주님은 기뻐하십니다. 말씀교사는 바로 이 일로 부르심을 받은 사람입니다.

4 말씀교사는 예수님의 마지막 명령을 지켜야 합니다

예수님의 마지막 명령은 곧 '유언'이라고 할 수 있습니다. 유언은 부모님께서 살아생전 마지막으로 자녀들에게 부탁하는 말입니다. 부모의 마지막 유언을 들어주는 자녀가 진정한 효자입니다. 그렇다면 신앙의 효자는 누구입니까? 예수님이 우리에게 하라고 명령하신 것을 들어주는 자녀입니다. 예수님은 이 땅에서 우리의 영혼을 구원하시기 위해 많은 고난을 받으셨습니다. 그리고 그 고난을 이기고 하나님 나라로 승천하기 전에 많은 제자에게 마지막 부탁을 하셨습니다. 이것이 예수님의 유언입니다.

"그러므로 너희는 가서 모든 민족을 제자로 삼아 아버지와 아들과 성령의 이름으로 세례를 베풀고 내가 너희에게 분부한 모든 것을 가르쳐 지키게 하라 볼지어다 내가 세상 끝날까지 너희와 항상 함께 있으리라 하시니라." (마태복음 28:19~20)

예수님이 제자들에게 마지막으로 주신 사명은 이렇습니다.

① 가라.

② 제자로 삼고 세례를 주라.

③ 주님이 주신 말씀을 가르쳐 지키게 하라.

④ 축복을 주신다.

이 네 가지 사명이 바로 오늘날에 말씀교사가 가슴 속에 품어야 할 사명입니다. 말씀교사는 오직 주의 마지막 사명을 이루어 드리기 위해 헌신해야 합니다.

(1) 가야 합니다

예수님이 죽어가는 영혼을 살리기 위해 먼저 현장으로 가셨습니다. 사도들도 복음을 들고 현장으로 갔습니다. 이처럼 사도들이 모든 민족에게로 간 것처럼 교사는 아이들 속으로 가야 합니다. 복음을 모르는 아이들에게, 사단의 문화 속에서 고통당하는 아이들에게 들어가야 합니다. 말씀교사는 아이들의 영혼이 사단에게 짓눌려 아우성치는 소리를 들어야 합니다. 아이들의 마음속에 신음하는 아픈 마음을 알아야 합니다. 그리고 그 아이들을 향해 현장으로 가야 합니다. 아이들에게 가지 않으면 만날 수 없습니다. 현장으로 가는 교사가 되어야 합니다.

(2) 제자를 삼아야 합니다

교사는 ·어린이들에게 복음을 전하고, 예수님의 제자로 삼아 세례를 주어야 합니다. 제자는 구원받은 주님의 사람을 일컫는 말이고, 세례는 구원받은 백성으로 만들라는 것이다. 제자는 예수님의 뜻을 받들어 예수님과 동행하고 예수님의 나라를 위해 헌신하는 사람입니다. 세례를 받았다는 것은 새로운 사람으로 거듭나 하나님 나라로 갈 수 있다는 것입니다.

세례의 의미
세례는 물속에 잠기는 것으로 죽음을 의미합니다.
세례는 물속에 있는 것으로 장사를 의미합니다.
세례는 물 위로 나오는 것으로 부활을 의미합니다.

(3) 말씀을 가르쳐야 합니다

예수님의 마지막 유언은 온 세상에 말씀을 전파하라고 하셨습니다. 예수님이 살아계실 때 제자들에게 말씀하신 것을 또 다른 사람에게 가르치고 지키게 하라는 것이었습니다.

예수님이 기뻐하는 교사는 말씀을 가르치는 말씀교사입니다. 말씀교사가 되는 것이 바로 예수님의 마지막 유언을 이루어 드리는 것입니다. 예수님의 유언처럼 말씀을 가르치는 사람이 되기 위해서는 먼저 해야 할 일이 있습니다. 교사 자신이 말씀에 대해서 해박한 지식이 있어야 합니다. 말씀을 모르면 가르칠 수가 없습니다. 말씀교사가 되는 것은 예수님의 말씀이 교사의 마음에 가득 담겨 있어야 합니다. 교사는 자신이 배운 지식과 사상을 전파하는 사람이 아니라 오직 예수님이 주신 말씀을 전파하는 자입니다.

　예수님은 "내가 너희에게 분부한 모든 것을" 가르쳐 지키게 하라고 하셨습니다. 말씀교사는 예수님이 우리에게 분부한 특별한 말씀이 있어야 합니다. 주님의 말씀이 가슴속에 가득 담겨 있는 자가 바로 제자입니다. 농부가 곡식을 거두어 창고에 가득 채워두고 필요할 때마다 양식을 먹이는 것처럼 교사는 자신의 가슴과 두뇌 안에 '말씀 창고'가 있어야 합니다. 그래야 교사 마음속에 말씀이 폭포수처럼 쏟아져 나갈 수 있습니다.

　교육이란 내 안에 담겨 있는 지식을 어린이에게 전해주는 행위이기 때문입니다. 누군가를 교육하기 위해서는 자기 안에 넘치는 지식이 있어야 합니다. 교육하는 교사가 빈약한 지식을 가지고서는 학생들을 변화시킬 수 없습니다.

　하지만, 말씀을 교육한다는 것은 쉬운 일이 아닙니다. 말씀을 교육한다는 것은 치열한 영적전쟁을 의미합니다. 왜냐하면, 사단은 교사가 말씀을 전하는 것을 싫어합니다. 그리고 학생들이 말씀을 듣고 변화되는 것을 누구보다 싫어하기 때문에 온갖 방법으로 방해합니다.

　교사는 마음속에 절대 마르지 않는 말씀의 샘이 있어야 아이들이 원할 때마다 먹일 수 있습니다. 내 안에 생수의 강이 넘쳐 흐르기 위해 계속해서 우물을 파야 합니다.

"나를 믿는 자는 성경에 이름과 같이 그 배에서 생수의 강이 흘러 나오리라 하시니" (요한복음 7:38)

예수님은 말씀교사가 성경을 온전히 전하기를 원하십니다. 말씀교사는 성경을 깊이 학습하고 묵상하여 그 말씀을 전해야 합니다. 교사가 말씀에 대한 이해와 깊이가 없으면 학생들에게 온전히 말씀을 전할 수 없기 때문입니다.

(4) 축복을 주십니다

예수님은 제자들에게 마지막까지 말씀 전하는 사명을 감당하는 자에게는 놀라운 축복을 주신다고 약속했습니다. 예수님의 말씀을 전하고 가르치는 사람과 세상 끝날 때까지 항상 같이 있어준다고 약속하셨습니다. 예수님과 동행하는 축복보다 큰 축복은 없습니다. 예수님과 동행하기 위해서는 말씀 전하는 것을 절대 포기하지 말아야 합니다.

예수님이 가장 기뻐하는 것이 무엇인지 알았다면 그대로 사는 교사가 되기 위해서 몸부림이 있어야 할 것입니다.

5 말씀교사는
성령 충만을 받아야 합니다

"오직 성령이 너희에게 너희가 권능을 받
고 예루살렘과 온 유대와 사마리아와 땅끝까지 이르러 내 증인이 되
리라 하시니라" (사도행전 1:8)

예수님이 제자들에게 마지막으로 주신 말씀은 온 세상에 하나님
의 말씀을 가르쳐 지키게 하는 것이었습니다. 예수님은 제자들에
게 말씀을 효과적으로 가르쳐 지키게 하는 방법을 알려 주셨습니
다. 그 방법은 성령을 충만히 받아야 합니다. 예수님은 제자들에
게 하늘에서 임하는 성령을 충만히 받으라고 하셨습니다. 성령 충
만을 받으면 권능을 받고 예수님의 온전한 증인이 된다고 하셨습
니다.

초대교회의 놀라운 부흥의 시작은 성령 충만을 받으면서 시작하

였습니다. 성령이 임하기 전에 제자들은 두려워 벌벌 떠는 겁쟁이 였습니다. 그러나 성령 충만을 받음으로 강하고 담대한 믿음으로 사도행전에 놀라운 시대를 열어갔습니다. 하나님의 일은 성령이 임하기 전에는 절대로 할 수가 없습니다. 먼저 성령의 충만함을 받아야 합니다.

만약 전도자나 교사가 성령을 받지 못하면 결코 사명을 감당할 수 없습니다. 특별히 말씀을 가르치는 자는 성령을 받아야 합니 다. 성령을 받지 못하면 말씀을 온전히 가르칠 수가 없습니다. 예 수님은 성령이 임하시면 놀라운 변화가 일어난다고 하셨습니다.

성령의 충만을 받으면 내적인 변화와 외적인 변화가 일어납니 다. 이전에 없었던 놀라운 힘과 능력이 생깁니다. 내적인 변화는 아주 신령한 은사를 받고 강한 사람이 되어 복음을 전할 수 있는 전도자가 됩니다. 증인은 성령이 주시는 하늘의 힘을 받아야 온전 히 감당할 수 있습니다. 교사도 마찬가지입니다. 말씀을 아이들에 게 가르치기 위해서는 반드시 성령의 충만을 받아야 하고 성령님 의 세미한 음성을 들어야 합니다.

그렇다면 성령 충만은 어떻게 받을 수 있습니까? 그것은 간절히 사모함으로 기도해야 합니다. 기도 외에는 하늘 문을 열 수 없고, 성령이 임할 수 없습니다.

기도하는 자에게 임하는 성령님

"여자들과 예수의 어머니 마리아와 예수의 아우들과 더불어 마음을 같이하여 오로지 기도에 힘쓰더라." (사도행전 1:14)

성령 받기 이전에 제자들은 기도하는 사람들이 아니었습니다. 예수님이 겟세마네 동산에서 심히 고민하고 괴로워하면서 같이 기도해 달라고 할 때도 피곤을 이기지 못하고 잠을 청했습니다. 그러나 예수님의 부활을 눈으로 보고 예수님의 마지막 사명을 받고 예수님이 하늘나라로 승천하시는 모습을 본 제자들은 달라졌습니다.

기도에 대한 강한 열망을 느꼈습니다. 기도해야 한다는 강한 목마름이 생겼습니다. 이전에 주님은 제자들에게 이렇게 말씀하셨습니다.

"이르시되 기도 외에 다른 것으로는 이런 종류가 나갈 수 없느니라 하시니라." (마가복음 9:29)

그때 제자들은 이 말씀에 의미를 알지 못했습니다. 그러나 예수님이 승천하시고 성령을 기다리라고 하신 후에는 달라졌습니다. 기도 외에는 하늘 문을 열 수 있는 방법이 없다는 것을 알았습니다. 제자들은 한곳에 모였습니다. 그리고 그 어느 때보다 간절하게 기도하였습니다.

제자들은 그 어느 때보다 한마음으로 기도에 힘썼습니다. 다른 것은 하지 않고 오직 기도에만 전념했습니다.

제자들의 간절한 기도는 하늘 문을 열고 급하고 강한 바람을 내려오게 하였습니다. 기도하는 제자들에게 강한 성령이 임하였습니다. 성령 충만함을 받았습니다. 성령 충만함을 받은 제자들은 달라졌습니다. 성령 충만함을 받은 제자들은 더 이상 실패자도 아니고 겁쟁이도 아니었습니다.

성령 충만을 받은 제자들은 이전에 없었던 놀라운 변화를 경험하였습니다. 하늘에서 임한 놀라운 능력을 부여받았고 새사람으로 변했습니다. 제자들은 더 이상 숨지 않았습니다. 당당하게 사람들에게 나가 자신이 만난 예수님을 외치기 시작했습니다. 하나님 나라에 복음을 거침없이 전하는 사람들이 되었습니다.

성령님이 함께 해 주지 않으면 복음을 담대하게 전할 수 없습니다. 우리는 날마다 성령님과 동행해야 합니다. 성령님과 동행할 때 온전히 말씀을 전할 수 있습니다. 성령님은 아주 거룩한 인격체를 가지고 계십니다. 성령님을 외면하는 자에게 임하지 않습니다. 성령님을 간절히 찾는 자에게 임하십니다.

교사는 성령님을 의지해야 합니다. 성령님은 우리를 진리 가운데로 인도해 주십니다. 말씀을 바르게 알고, 적용할 수 있게 해 주십니다. 성령님은 우리가 모르는 것을 알려주는 말씀 스승이 되어 주시기도 합니다.

> "보혜사 곧 아버지께서 내 이름으로 보내실 성령 그가 너희에게 모든 것을 가르치시고 내가 너희에게 말한 모든 것을 생각나게 하시리라." (요한복음 14:26)

성령님이 임하시면 우리에게 말씀을 가르치시는 일을 하십니다. 그리고 바른 길로 갈 힘을 주십니다. 성령님은 우리가 미처 몰랐던 세밀한 부분까지도 생각나게 해 주십니다. 주님이 기뻐하는 말씀 교사가 되기 위해서는 성령 충만을 받아야 합니다. 성령님과 동행하지 않고는 결단코 말씀교사가 될 수 없습니다. 내 힘으로는 아무것도 할 수 없습니다. 성령님이 내 안에 임재하실 때 비로소 말씀을 가르치는 교사가 될 수 있습니다.

6 말씀교사는
영혼을 살리는 의사입니다

오래전에 허준이라는 드라마가 전 국민의 사랑을 받았던 적이 있었습니다. 주인공 허준은 백성의 병을 고쳐주기 위해서 피눈물나는 노력을 합니다. 허준은 사람의 장기를 알아야 병에 대처할 수 있었지만, 사람의 장기를 볼 방법이 없었습니다. 당시에는 사람의 장기를 해부하는 것은 법을 어기는 것이었습니다.

허준의 스승 유의태는 자신이 병으로 죽게 되면 허준에게 자신의 장기를 열어 공부하라고 당부했습니다. 허준은 그럴 수 없다고 했지만, 유의태의 간곡한 부탁으로 울면서 스승의 몸을 해부하고 장기 하나하나를 공부합니다. 허준이 혹독하게 의술 훈련을 한 이유는 오직 하나였습니다. 사람의 병을 고쳐주기 위함이었습니다.

현대는 의학이 아주 발달했습니다. 이전에는 죽을 병이라고 해서 죽음만 기다렸지만, 현대에는 많은 병을 고칠 수 있는 의술이 발달했습니다. 오늘도 의사들은 병과 싸워 이기기 위해 누구보다도 열심히 공부하고 실습을 반복합니다. 의사가 공부하지 않으면 절대 환자의 병을 고칠 수 없습니다.

사람의 병을 고치는 의사들은 많은 공부를 합니다. 사람의 몸속에 있는 장기를 모두 외워야 하고 뼈마디 마디를 알아야 합니다. 그리고 수없는 해부를 통하여 인간의 병을 고치기 위해 노력합니다. 의사들이 그렇게 노력을 하지만 아직도 치료할 수 없는 병이 많습니다. 과학이 아무리 발달하고 의술이 아무리 발달해도 인간이 고치지 못하는 새로운 병은 계속 생겨납니다. 오늘날도 이름 없는 병으로 죽어가는 사람이 너무도 많습니다.

예수님은 인간의 몸과 마음을 고치는 의사와도 같았습니다. 예수님은 많은 병자를 고쳐주셨습니다. 언제나 병자를 고치시고 영혼의 병도 고쳐수셨습니다. 진정한 고침은 몸뿐이 아니라 영혼의 병을 고침 받는 것입니다.

예수님은 열 명의 문둥병자를 고쳐주셨지만 아홉 명은 감사하지 않고 제 갈 길로 갔지만 한 문둥병자는 가던 길을 멈추고 돌아와 예수님의 발 앞에 엎드려 감사의 마음을 전했습니다. 예수님은 아홉 명은 어디 갔느냐고 안타까운 마음으로 물었습니다. 그리고 문둥병자에게 말했습니다. "일어나 가라! 네 믿음이 너를 구원하였느니라." 하시고 구원을 선물로 주셨습니다. 몸이 고침 받는 것보다 더 중요한 것은 영혼이 고침 받고 구원을 받는 것입니다.

말씀교사가 바로 영혼을 고치는 영혼의 의사들입니다. 의사들은 사람의 몸을 고치지만 영혼의 의사인 말씀교사는 어린아이 영혼의 구원을 위해 노력해야 합니다.

사람의 몸을 고치는 의사들이 병을 고치기 위해 많은 노력을 하는 것처럼 아이들의 영혼을 고치는 교사들도 의사 못지않게 노력해야 합니다. 사람의 몸을 고치는 것보다 영혼을 고치기가 더 어렵습니다. 의사의 손에 있는 숙련된 칼이 사람의 병을 고치는 것처럼, 교사가 가르치는 말씀의 칼이 아이들의 영혼을 변화시킬 수 있습니다.

만약 교사가 말씀의 칼을 잘못 사용하면 아이들에게 안 좋은 영향을 줄 수도 있습니다. 의사는 절대 실수하면 안 됩니다. 단 한 번에 실수가 사람의 인생을 망칠 수가 있습니다. 마찬가지로 교사도 실수해서는 안 됩니다. 한 번의 실수 때문에 그 아이가 씻을 수 없는 상처를 받고 교회를 떠날 수도 있고, 구원의 자리에서 멀어질 수 있습니다.

교사가 아이들에게 말씀을 잘 가르치기 위해서는 겸손한 마음으로 말씀을 배워야 하고, 성령님의 도우심을 받고 지혜를 간구해야 합니다. 성령님은 아이들에게 더 잘 가르치고자 하는 마음이 있는 교사에게 아이디어도 주시고 지혜도 주십니다. 성령님이 함께 하시지 않으시면 아이들을 잘 가르칠 수가 없습니다.

의사가 사람들의 병을 고쳐주고 새로운 희망을 품게 하는 것처럼 교사들은 아이들의 영혼을 고치고 아이들의 미래를 예수님께로 인도해 주어야 합니다. 그리고 교사들은 아이들의 미래를 위해 말씀이라는 예방주사를 놓아주는 사람입니다. 모든 아이는 예외 없이 예방주사를 맞습니다. 아무리 주사가 무서워서 맞고 싶지 않아도 예방주사를 맞게 해야 합니다. 만약 아이들이 거부한다고 예방주사를 맞히지 않는다면 훗날 더러운 균과 바이러스가 침투할 때 아이는 내성을 잃어버리고 병에 걸리고 맙니다. 예방주사는 아이의 의사와 관계없이 무조건 맞추어야 합니다.

말씀의 예방주사도 마찬가지입니다. 어려서 말씀의 예방주사를 맞은 아이들은 훗날 사단이 주는 더러운 영이 침투해도 능히 맞서 싸울 힘이 생깁니다. 그래서 말씀교사는 아이들의 영혼을 고치는 의사와도 같습니다.

어려서부터 부지런히 말씀을 가르쳐야 합니다. 말씀은 아이들의 미래를 결정합니다. 말씀을 듣고 자란 아이와 말씀을 듣지 못하고 자란 아이의 차이는 너무도 큽니다. 우리 아이들의 미래를 결정하는 최고의 가치는 말씀입니다.

"또 어려서부터 성경을 알았나니 성경은 능히 너로 하여금 그리스도 예수 안에 있는 믿음으로 말미암아 구원에 이르는 지혜가 있게 하느니라." (디모데후서 3:15)

7 말씀교사는 미래를 책임지는 사람입니다

어느 날부터 대한민국은 10억 모으기 열풍이 불고 있습니다. 10억 모으기 열풍이 사회현상이 될 정도로 사람들은 부자가 되고 싶어 합니다. 의학이 발달하면서 사람의 수명이 늘어나고, 수명이 늘어난 만큼 노년을 보내는 시간이 많아졌습니다. 젊어서부터 미래를 준비하지 않으면 노후를 비참하게 보낼 수 있습니다. 그래서 한 살이라도 젊어서 노후를 준비하고 있습니다.

다람쥐는 긴 겨울을 맞이하기 위해서 가을부터 준비합니다. 구멍을 파고 도토리를 부지런히 저장합니다. 특히 다른 동물이 도토리를 훔쳐 갈까 봐 한 곳에 도토리를 저장하지 않고 이곳저곳으로 분산해서 저장합니다. 다람쥐 한 마리가 겨울을 나기 위해 도토리를 숨겨놓는 구멍이 무려 2,000개 정도가 된다고 합니다. 동물들도 긴 겨울을 나기 위해서 본능적으로 겨울을 준비합니다. 사람도 마찬가지입니다. 젊었을 때 부지런히 돈을 모으는 이유도 노후를 잘 보내기 위함입니다.

요즘 어린이들은 어른보다 더 바쁜 아이들도 많습니다. 아침부터 학교에 가서 공부하고 학교가 끝나면 잠시 쉬지도 못하고 바로 학원으로 직행합니다. 보통 학생들은 학원을 3~4개를 다닙니다. 부모가 극성인 부모는 이보다 더 많은 학원에 다닙니다.

아이들은 자신들의 의지와는 상관없이 아침부터 밤늦게까지 학교에 학원에 내몰려 살아가고 있습니다. 왜 부모들은 많은 돈을 들여가면서 자녀를 이토록 많은 학원에 보내서 공부하게 할까요? 어떤 부모는 자신의 월급의 반을 교육비에 투자하는 부모도 있다고 합니다. 왜 이토록 큰 비용을 쓰면서 자기 자녀를 이 학원 저 학원에 보내서 공부하게 할까요?

그 이유는 더 좋은 대학에 들어가게 하기 위해서입니다. 초등학교, 중학교, 고등학교를 졸업하고 일류대학에 들여보내기 위해서 아이들을 여러 학원에 보내면서 학습을 시킵니다.

왜 부모들은 일류대학을 들여보내기 위해 초등학교 때부터 아이들에게 힘에 부치도록 노력을 할까요? 그 이유는 아이의 미래를 위해서입니다. 아이들의 미래가 좀 더 풍요롭고 좋은 환경에서 살게 하기 위한 부모의 마음입니다.

그렇습니다. 정도에 차이는 있지만 세상에 부모는 자기 자녀의 미래를 위해 노력하고 투자하고 있습니다. 어느 부모든 자녀가 미래에 실패자가 되기를 원하지는 않습니다. 좀 더 출세하고 성공한 사람을 만들기 위해서 부모들은 재정, 시간, 꿈을 투자합니다.

그러나 사람들은 보이는 미래를 준비하는 데는 많은 준비를 하지만 정작 중요한 영원한 안식을 위해서는 준비하지 않습니다. 세상 부모들이 아이들의 미래를 위해 혹독한 준비를 하듯이 교회의 말씀교사들은 아이들의 미래를 위해 복음을 준비해 주어야 합니다.

말씀교사는 아이들의 영원한 미래를 준비하는 사람들입니다. 지금 아이들은 온통 학원에서 좀 더 좋은 중학교, 명문 고등학교, 일류 대학교에 가는 준비만 하고 있습니다. 정작 영원에 대한 준비는 소홀히 하고 있습니다. 세상의 것만 준비하는 아이들에게 무엇을 놓치고 있는지 교사들이 정확히 알려 주어야 합니다. 말씀교사는 아이들의 영원을 준비해 주는 중요한 역할을 담당하는 사람입니다.

예수님은 사람들의 영원한 미래를 보장하기 위해서 하나님 나라에서 이 땅까지 오셨습니다. 인간은 죄로 말미암아 영원한 천국으로 들어갈 수가 없었습니다. 하지만, 예수님이 인간의 죄를 대신 지시고 십자가에 돌아가시고 이를 믿는 모든 자에게 하나님 나라로 들어갈 수 있는 권세를 주셨습니다. 이것이 '복음'입니다. 복음은 현재의 삶도 윤택해지지만, 복음의 진정한 능력은 영원한 나라에서 영원히 행복하게 살 수 있게 하는 것입니다.

말씀교사는 오직 출세만 준비하는 어린이들에게 예수님의 말씀을 전해 주어야 합니다. 복음은 기쁘고 아름다운 이야기입니다. 예수님이 인간의 죄를 대신하여 고난을 당하시고 십자가에서 돌아가셨다가 죽음을 이기시고 다시 살아나셨습니다. 죄 많은 인간에게 회개하고 예수님을 믿으면 구원을 주신다는 것이 복음입니다.

어려서부터 예수님을 전하고 복음을 심어주어야 합니다. 그래야 아이들은 진정한 미래를 준비할 수 있습니다. 오직 생존경쟁에서 자신의 출세와 성공을 위해 살아가는 아이들에게 영원한 나라에서 성공을 알려 주어야 합니다. 말씀교사는 기도하는 마음으로 아이들의 마음속에 말씀을 심어주기 위해서 노력해야 합니다. 이것이 아이들에 미래를 보장하는 최고의 선물입니다. 이 세상에 영생보다 소중한 것은 없습니다.

6·25전쟁은 우리 민족에게 엄청난 고통과 슬픔을 안겨다 주었습니다. 6·25전쟁에 후유증은 오늘날까지 이어지고 있습니다. 6·25전쟁 중에 일어났던 실화입니다. 1951년 압록강 강변에서 진격했던 UN군 중에 용맹한 해병대원들이 대규모 중공군의 개입으로 어쩔 수 없이 후퇴할 수밖에 없었습니다. 이 때문에 수많은 해병대원이 희생당하고 고통 속에 죽어갔습니다.

용맹스런 해병대원이 비참하게 죽어가는 모습을 보고 한 종군 기자는 지쳐서 잠시 쉬고 있는 미 해병 대원에게 물었습니다.

"내가 당신을 위하여 무엇을 해 주었으면 좋겠습니까?"

그러자 고통 속에서 신음하던 해병은 이렇게 말했습니다.

"내게 내일을 주십시오."

교사는 오늘날에 아이들에게 내일을 전해주는 사람입니다. 이 세상 어디에도 영원한 생명에 대해 준비를 시켜주는 곳은 없습니다. 오직 교회에서만이 영원한 삶을 준비시켜주고 설계해 줍니다. 그래서 말씀교사는 아이들의 미래를 설계해 주는 영원한 나라의 설계자입니다.

8 말씀교사는
영혼을 지키는 파수꾼

이 세상은 끝없는 싸움에 연속입니다. 옛날에는 총과 칼로 자신들의 영토를 확장하기 위해 싸웠지만 지금은 더 많은 부와 명예를 얻기 위해 보이지 않는 싸움을 하는 시대입니다. 싸움에서 이기는 사람은 많은 것을 가지지만 싸움에서 지는 사람은 혹독한 대가를 치러야 합니다.

신앙도 마찬가지입니다. 신앙도 영적인 싸움의 연속입니다. 세상은 보이는 적과 싸우지만 신앙은 보이지 않는 적인 사단과 싸워야 합니다. 성경에 등장하는 사단은 '하나님을 대적하는 자' 입니다. '온 천하를 꾀는 자' 입니다. 특별히 하나님을 믿는 영혼들을 넘어뜨리기 위해 죄라는 죽음의 병균을 온 세상에 퍼트리는 간교한 자입니다. 특별히 힘이 없는 아이들을 넘어뜨리기 위해 노력하고 있습니다.

출애굽기 2장에 사단은 어린 아이들을 죽이기 위해 애굽 왕을 이용하여 죄 없는 히브리 아이들을 모두 죽인 사건이 있습니다.

예수님 때도 헤롯왕을 이용하여 3살 아래 남자 아이들을 무참히 죽였던 기록이 있습니다. 사단은 아이들을 아주 싫어합니다. 왜냐하면 아이들의 가슴속에는 하나님을 열망하는 순수함이 있습니다. 그래서 사단은 문화라는 매체를 이용하여 아이들의 가슴속에 있는 순수한 믿음과 영생을 사모하는 마음을 점점 사라지게 하고 있습니다.

사단이 주도하는 이 세상에 문화를 보면 우리 아이들의 미래가 참으로 참담합니다. 어린이들이 좋아하는 게임은 온통 자극적인 영상과 폭력적인 영상으로 아이들의 두뇌를 오염시키고 있습니다. 이유없이 사람을 폭행하고 서슴없이 사람을 총으로 쏘고 칼로 찌르는 게임을 통해 아이들은 폭력 불감증에 빠지기도 합니다.

어린이들 사이에 왕따가 유행하고 있습니다. 왕따는 자신들보다 힘이 없는 아이를 대상으로 언어적 폭력과 신체적 폭력을 가하는 것입니다. 아이들이 왕따를 시키고 폭력을 하면서도 당하는 아이들의 심한 수치심과 고통을 전혀 알지 못한다는 것입니다.

이런 악한 환경 속에서 아이들을 지키는 것은 말씀교사들입니다. 말씀교사는 이 시대 어린이를 지키는 파수꾼입니다. 사단이 시시각각 아이들의 영혼을 노리고 있을 때 깨어서 기도하고 아이들의 영혼을 지켜주어야 합니다.

파수꾼이 제일 먼저 준비되어야 하는 자세는 깨어 있는 것입니다. 높은 곳에 올라가 적이 오는 지를 살펴야 합니다. 만약 파수꾼이 피곤하여 깜박 잠을 자거나 딴 짓을 하다가 적이 쳐들어온다면 온 나라가 적에 침략을 받을 수 있습니다. 말씀교사는 이 시대 최고의 파수꾼입니다. 절대 게을러서도 안 되고 한 눈을 팔아서도 안 됩니다.

제 2차 세계대전 중에 한 어린 병사가 총에 맞아 고통스럽게 죽어가고 있었습니다. 총에 맞아 죽어 가는 어린 병사에게 군목이 마지막으로 할 말이 없느냐고 물었습니다. 그러자 어린 병사는 고통스러운 듯 얼굴을 찡그리면서 말했습니다.

"고향에 계신 저희 어머니께 제가 죽는 순간까지 기쁘게 죽었다고 전해 주십시오. 그리고 제가 다니던 교회에 저를 지도해 주신 주일학교 '토마스' 선생님에게 꼭 좀 전해 주십시오. 선생님이 어려서 들려 주셨던 말씀으로 제가 그리스도인으로 감사함으로 죽음을 맞이했다고 꼭 좀 전해 주십시오."

군목은 병사가 남긴 유언을 그의 고향에 계신 어머니와 주일학교 선생님에게 전해주었습니다. 그 유언을 들은 주일학교 선생님은 눈물을 흘리며 목사님에게 말했습니다.

"목사님, 죄송합니다. 저는 그 유언을 들을 자격이 없습니다. 저는 주일학교 교사라는 직분을 대단하게 여기지 않았습니다. 그래서 지금은 주일학교 교사를 그만두었습니다."

그렇게 흐느끼면서 말하던 교사는 다시 목사님께 말했습니다.

"목사님, 제 자신이 너무 부끄럽습니다. 이제 다시 교사를 시작하겠습니다. 저로 인해 한 아이가 구원을 받았다니 이 귀한 직분을 평생 감당하겠습니다."

교사는 한 아이의 인생을 책임지는 파수꾼입니다. 파수꾼은 누구보다 위험한 상황을 먼저 알고 대처하는 사람입니다. 파수꾼은 마치 구급대원과도 같아서 구급대원은 사고를 당한 사람이 있으면 제일 먼저 가서 도와주어야 할 사람입니다.

교사는 마치 어린 생명을 살리는 구급대원과 같습니다. 아이가 세상문화 속에서 영혼이 죽어갈 때 재빨리 출동하여 말씀으로 도와주고 구원하는 사람입니다. 만약 적들이 쳐들어 올 때 파수꾼이 졸고 있거나 자고 있다면 적에게 침략을 당할 것입니다. 구급대원이 게을러서 사고 현장에 출동하지 않으면 사고 난 사람의 목숨을 잃고 말 것입니다.

파수꾼과 구급대원은 사람의 생명을 담보로 일하는 사람들이기에 언제나 깨어있어야 합니다. 출동 명령이 떨어지면 조금도 지체하지 말고 출동해야 합니다. 파수꾼과 구급대원이 게으르고 태만하다면 영혼을 살릴 수 있는 귀한 일을 할 수가 없습니다. 교사는 영혼을 지키는 파수꾼이며, 구급대원입니다. 어린 영혼이 신음할 때 지체하지 말고 출동할 수 있는 만반에 준비가 되어 있어야 합니다. 말씀교사가 세상에 한 눈 팔거나 지체하는 그 순간, 어린 영혼은 병들어 갈 수 있다는 것을 명심해야 합니다.

9 말씀교사는 예수님의 증인입니다

       말씀교사는 예수님의 제자이며, 예수님의 증인입니다. 증인은 어떤 사건을 눈으로 보고 느낀 것을 있는 그대로 증언하는 사람입니다. 법정에서 증인의 증언은 사건을 해결하는 결정적인 역할을 합니다. 그런데 증인이 거짓을 말하면 위증죄로 엄한 처벌을 받습니다. 그래서 증인은 거짓을 말하거나 자신의 생각과 느낌으로 사실을 왜곡하면 안 됩니다.

> "오직 성령이 너희에게 임하시면 너희가 권능을 받고 예루살렘과 온 유대와 사마리아와 땅끝까지 이르러 내 증인이 되리라 하시니라." (사도행전 1:8)

  증인의 의무는 오직 자신이 보고 느끼고 경험한 것을 거짓 없이 전해주어야 합니다. 교사는 예수님의 말씀을 전하는 증인입니다. 말씀교사는 예수님의 말씀을 전하는 사람입니다. 자신의 생각과 경험을 전하는 사람이 아닙니다. 오직 예수님의 말씀을 더하거나 빼지 않고 있는 사실대로 가르치는 사람입니다. 말씀교사가 증인 된 삶을 살기 위해서는 성령의 충만함을 받아야 합니다. 성령님이 함께 해 주지 않으시면 증인의 삶을 살 수가 없습니다.

> "태초부터 있는 생명의 말씀에 관하여는 우리가 들은 바요 눈으로 본 바요 자세히 보고 우리의 손으로 만진 바라." (요한일서 1:1)

증인은 하나님의 말씀에 대해서 들었고, 눈으로 보았고, 주목하여 손으로 만진 체험이 있어야 합니다. 이러한 체험이 없다면 증인으로써 자격이 부족한 사람입니다. 예수님의 제자는 예수님을 직접 만나고 느낀 체험이 있어야 합니다. 증인은 자신이 보고 느낀 것을 이야기 할 때는 확신있게 전할 수 있기 때문입니다.

사도행전은 제자들이 성령 충만을 받아 변화를 받고 온 천하에 예수님의 복음을 확신있게 전하는 이야기입니다. 예수님을 만난 체험이 있고 성령의 충만을 받은 제자들은 아주 담대하게 복음을 전했습니다. 누구를 만나든 두려워하지 않고 복음의 증인이 되었습니다.

> "이 예수를 하나님이 살리신지라 우리가 다 이 일에 증인이로다." (사도행전 2:32)

사도행전에 제자들은 누구나 예수님의 복음을 전하는 증인이었습니다. 확신에 찬 증인들의 복음을 들은 예루살렘에 많은 무리들은 예수님을 믿고 세례를 받았습니다. 이 모습을 본 대제사장과 유대 지도자들은 복음을 전하는 자들이 못마땅하였습니다. 이들은 제자들을 붙잡아 말씀을 전하지 못하도록 위협하고 협박하였습니다. 그러나 제자들은 그들에 협박을 두려워하지 않았습니다.

"베드로와 요한이 대답하여 가로되 하나님 앞에서 너희의 말을 듣는 것이 하나님 말씀 듣는 것 보다 옳은가 판단하라 우리는 보고 들은 것을 말하지 아니할 수 없다 하니" (사도행전 4:19-20)

베드로와 요한은 자신을 위협하는 사람들을 더 이상 두려워하지 않았습니다. 자신들이 보고 들은 것을 말하지 아니할 수 없다고 하였습니다. 증인은 사람의 말을 듣고 전하는 것이 아니라 오직 하나님의 말씀을 보고, 듣고, 전하는 자입니다. 이것이 증인입니다. 보고, 듣고, 느낀 것을 당당하게 말하는 사람이 증인입니다. 증인은 진리를 말해야 할 때 사람을 두려워하지 말아야 합니다.

우리 교사들은 그러면 무엇의 증인이 되어야 하겠습니까? 먼저 말씀의 증인이 되어야 합니다. 말씀의 증인이 되기 위해서는 먼저 말씀을 듣고 알아야 합니다. 신앙은 듣는 것에서 시작되기 때문입니다. 말씀을 들어야 믿음이 생깁니다. 말씀을 듣고, 눈으로 보고, 직접 체험할 때 말씀의 능력이 아이들에게 전달될 것입니다. 말씀교사가 성경의 증인이 되어서 믿음을 가지고 선포해야 할 것입니다. 그럴때 아이들의 마음에는 성경이 살아있듯이 믿어지는 역사가 일어날 것입니다.

2부

예수님의 시각회복하기

1 예수님의 시각으로 아이들을 바라보기

예수님은 언제나 하나님을 기쁘시게 하고 그 분의 뜻을 이루기 위해 사셨습니다. 예수님은 사람들의 영혼을 구원하기 위해 십자가에서 고통스러운 죽음을 맞이하였습니다. 예수님이 죄없이 십자가에서 고통스럽게 죽으셔야 했던 이유는 하나님이 원하셨던 일이었습니다. 하나님은 이 세상에 인간들을 구원하기 위해서 죄 없으신 예수님을 대속 제물로 삼으셨습니다.

이 땅에 소중하지 않는 존재는 없습니다. 왜냐하면 우리를 위해 하나님의 아들 예수님의 피 값으로 구원받았기 때문입니다. 예수님은 우리들의 영혼을 구원하기 위해서 십자가에서 돌아가셨습니다. 하나님은 누구보다도 인간의 영혼을 귀하게 여기셨습니다. 인간의 영혼을 귀하게 여겨 하나뿐인 외아들 예수님을 희생시키시면서 까지 인간의 영혼을 구원하셨습니다.

예수님은 한 영혼을 귀하게 여기십니다. 그리고 무엇보다 어린

아이의 영혼을 더 없이 귀하게 여기십니다. 어린아이가 어려서 말씀으로 양육받고 바르게 성장하면 하나님 나라의 일꾼으로 더 많은 일을 할 수 있습니다. 예수님은 어린아이들을 얼마나 좋아하셨는지 이렇게 말씀하셨습니다.

"또 누구든지 내 이름으로 이런 어린아이 하나를 영접하면 곧 나를 영접함이니" (마태복음 18:5)

이 말씀을 가만히 묵상하면 예수님이 어린아이를 얼마나 사랑하시는지 알 수 있습니다. 예수님은 어린아이를 그저 어린아이로 보지 않으시고 아주 놀라운 시각으로 바라보고 계십니다. 예수님은 어린아이를 예수님 자신과 동등하다고 말씀하시고 계십니다.

'누구든지'는 '부모'가 될 수도 있고 '교사'가 될 수도 있습니다. '누구든지' 예수님의 이름으로 한 어린아이를 영접하면 곧 예수님을 영접하는 것과 같다고 말씀하고 계십니다. 한 어린이에게 마음과 정성을 다해 섬기는 것이 바로 예수님께 하는 것과 같다고 하셨습니다.

말씀교사는 예수님이 어린이를 바라보는 시각을 갖어야 합니다. 어린아이 속에 숨겨져 있는 예수님의 형상을 발견해야 합니다. 예수님 당시에는 여자와 어린아이들은 숫자에도 포함하지 않았습니다. 그럼에도 불구하고 예수님은 어린아이들을 존중하고 인격적으로 대하셨습니다. 말씀교사는 어린아이라도 우습게 여기거나 함부로 대해서는 안 됩니다. 예수님이 어린아이를 섬기듯이 최대한 존중하고 소중하게 섬겨야 합니다.

디엘 무디의 시각

위대한 전도자 디엘 무디가 집회를 마치고 내려오던 중 한 사람이 물었습니다.

"오늘은 몇 명의 영혼을 구원하셨습니까?"

그러자 디엘 무디는 곰곰이 생각하다가 이렇게 대답하였습니다.

"오늘은 온전한 영혼 2명과 반절 영혼 1명을 구원하였습니다."

"아~ 그러니까 어른 2명과 어린이 1명을 구원하셨군요."

그러자 디엘 무디는 아니라는듯 손을 가로저으면서 이렇게 말했습니다.

"그게 아닙니다. 어린이 두 명과 어른 한 사람입니다."

이것이 위대한 전도자의 놀라운 시각입니다. 어린이가 살아야 할 날들이 어른보다 많기 때문에 디엘무디는 어린이를 온전히 한 영혼으로 인정한 것입니다. 디엘 무디는 예수님처럼 어린이의 영혼을 소중히 여겼습니다. 어린아이가 어려서 구원받으면 남은 인생 모두를 하나님께 헌신할 수 있습니다.

예수님이 친히 말씀하시기를 어린아이를 영접하면 예수님을 영접한것과 같다고 분명히 말씀하셨습니다. 이제 우리의 시각을 바꾸어야 합니다. 예수님과 디엘 무디가 한 어린 영혼을 귀하게 바라보았듯이 교회 안에 있는 어린이의 영혼을 더 소중하게 바라보아야 합니다.

예수님이 어린이를 소중하게 여기듯 사단도 어린이에게 많은 관심을 가지고 있습니다. 사단은 어떻게 하든지 어린이의 영혼을 망가뜨리기 위해 수단과 방법을 가리지 않습니다. 사단은 어린이의 영혼을 망가뜨리기 위해 문화라는 도구를 이용합니다. 지금 세상은 온통 어린이들의 영혼을 더럽히는 문화가 판을 치고 있습니다. 사단의 최고 목적은 어린 영혼을 어릴 때부터 오염시키고 망가뜨리는 것입니다.

어린 영혼을 망가뜨리는 가장 좋은 방법은 말씀을 가까이 하지 못하게 하는 것입니다. 말씀 없는 신앙은 바르게 설 수 없기 때문입니다. 어린이들이 하나님을 떠나고 말씀을 떠나서 산다면 그 아이의 미래는 매우 불행해 질 것입니다.

아이들의 현실

지금 아이들은 무척이나 바쁩니다. 아침부터 밤까지 학교에서 학원에서 시간을 보냅니다. 학교공부는 물론 영어 학원, 수학학원, 피아노 학원, 태권도 학원, 특별 과외 등을 다니느라 교회도 제대로 나오지 못합니다. 그래서 성경 한 장 제대로 읽지 못하고 있습니다. 아이들의 마음속에 하나님 대신 세상에 문화가 온통 점령하고 있습니다.

> "또한 그들이 마음에 하나님 두기를 싫어하매 하나님께서 그들을 그 상실한 마음대로 내버려 두사 합당하지 못한 일을 하게 하셨으니" (로마서 1:28)

사단의 최고 목적은 하나님을 멀어지게 하는 것입니다. 하나님을 멀리하면 죄가 들어오게 됩니다. 죄가 들어오면 하나님이 합당하게 여기는 선한 일을 하지 못하게 합니다. 말씀이 없이 세상 문화에 점령당한 아이들은 그 마음속에 세상지식이 가득합니다. 그리고 하나님과 성경에 대해서는 도무지 관심이 없습니다.

하나님을 거부하고 말씀을 거부할 때는 마음의 중심을 잡을 수 없습니다. 마음속에 말씀에 중심이 없어서 바른 판단을 할 수 없고 바른 일을 할 수가 없게 됩니다.

말씀교사는 어린이들이 이런 문화 속에서 오염되어지는 것을 막아야 합니다. 사단의 문화 속에서 우리 아이들을 지켜야 하는 막중한 사명이 있는 사람입니다.

지금 아이들은 극도의 이기심에 사로잡혀서 살고 있습니다. 어려서부터 하는 게임과 오락은 모니터 앞에서 혼자하기 때문에 이웃을 배려하는 마음을 가지기가 어렵습니다. 학교와 학원은 치열한 경쟁 속에서 승리하기 위해서 수단과 방법을 가리지 않고 이겨야 한다는 생각에 이기적인 마음만 가득차게 합니다.

그러나 안타깝게도 교회 안에 있는 아이들이 교회 밖에 있는 아이들과 다를 바가 없다는 것입니다. 교회 안에 있는 아이들도 변화되지 않은 채 종교인으로 교회 문턱만 밟다 보니 세상 기준으로 생각하고 행동합니다.

이제 말씀교사는 이런 아이들에게 말씀을 가르쳐야 합니다. 갈곳 없이 방황하는 아이들에게 말씀에서 지시하신 대로 바른 가치관을 가르쳐야 합니다. 어려서 주님을 만나지 못하면 그 마음속에 하나님 두기를 싫어한 채 살아갑니다. 그래서 그 상실한 마음대로 살아가고 합당치 못한 일을 하고 인생을 낭비하게 됩니다. 어린아이의 인생은 단 한 번밖에 없는 황금기입니다. 이 중요한 시기에 말씀교사는 어린이에게 예수님을 소개하고, 마음속에 예수님을 영접하도록 인도해 주어야 합니다.

2 아버지의 마음을
      헤아리는 말씀교사

농부에게 가장 큰 기쁨은 봄에 씨를 뿌려 열심히 땀을 흘리면서 곡식을 보살피고 가을에 풍성한 수확을 하는 것입니다. 농부에게 있어 수확은 매우 행복한 일입니다. 농사짓는 보람을 느끼는 것입니다. 부모가 자식을 키우는 것도 농부가 농사를 짓는 것과 같습니다.

부모는 자녀가 어른이 되어서 잘 되기를 간절히 바랍니다. 자녀가 자신의 분야에서 자기 몫을 하면서 사람들에게 존경을 받는 사람이 되기를 원합니다. 이것이 자식 농사를 잘 짓는 것입니다. 농부의 최대 기쁨은 풍성한 수확한 것처럼 부모의 최대 기쁨은 자녀가 잘되는 것입니다.

그러나 반대로 부모의 원하는 대로 되지 않고 사람들에게 손가락질 받는 사람으로 성장한다면 그 부모는 절망에 빠질 것입니다. 요즘 들어 뉴스를 보면 좋은 소식보다 좋지 않은 소식들이 더 많은 것 같습니다. 장성한 자녀가 부모에게 돈을 요구하다 돈을 주지 않는다고 하여 부모를 구타하거나 심지어는 멀리 외진 곳에 버리는 불효막심한 자녀가 있습니다. 이런 소식을 접할 때마다 안타까운 마음을 감출 수가 없습니다. 자녀는 부모의 거울입니다. 부모가 어떻게 양육했는가에 따라서 아이의 인생이 달라질 수 있습니다. 그만큼 자녀의 인생에 부모는 중요한 밑거름이 되는 사람입니다.

부모는 자녀가 잘되기를 간절히 바라고 있습니다. 고 3 수험생들이 수능시험을 보는 그 주간에는 교회와 사찰에는 자녀의 합격을 기원하는 수험생들의 부모님들로 초만원입니다. 부모는 자녀가 잘되는 일이라면 어떤 희생도 감수합니다.

그런데 하나님 아버지의 뜻은 세상 부모의 뜻과는 매우 다릅니다. 세상 부모는 자녀가 잘되고 출세하는 것을 원하지만, 하나님 아버지는 영혼이 잘되는 것을 간절히 바라고 계십니다.

"이와 같이 이 작은 자 중의 하나라도 잃는 것은 하늘에 계신 너희 아버지의 뜻이 아니니라." (마태복음 18:14)

하나님의 뜻은 한 영혼이 온전히 구원받고 하나님 나라에 들어가게 하는 것입니다. 특히 '이 작은 자 중의 하나라도'는 어린이의 영혼을 말하는 것입니다. 어린 영혼 하나라도 잃어버리지 않고 구원받는 것이 하나님의 뜻입니다. 예수님은 하나님의 뜻을 아셨고 그렇게 사셨습니다.

부모에게 물질적인 도움을 주는 자녀도 좋을 수 있으나 그것보다 더 좋은 것은 부모님의 마음을 헤아려 주고 이해해 주는 자녀가 더 효성스러운 자녀입니다. 성숙한 자녀일수록 부모의 뜻을 알고 헤아립니다. 성숙한 성도도 내 것을 더 많이 가지려고 노력하는 것이 아니라 하나님의 뜻이 무엇인지 헤아려 보고 그 뜻대로 사는 자녀입니다.

성경 속에 하나님이 기뻐하는 인물들은 너나없이 하나님이 가장 원하는 일을 위해 인생을 투자하였습니다. 그것이 영혼을 구원하는 일이었습니다. 영혼을 구원하는 일에 자신의 모든 것을 투자하고 헌신하였습니다. 우리는 날마다 아버지의 뜻을 알고 그 뜻을 이루어 드리기 위해 노력해야 합니다. 아버지의 뜻을 알기 위해서는 기도하고 말씀 안에서 깨어있어야 합니다.

사도 바울은 오직 영혼을 구원하는 일에 인생을 헌신하신 분이었습니다. 사도 바울은 예수님을 만나고 자신의 인생을 포기하였습니다. 오직 하나님의 뜻을 이루기 위해 모든 것을 투자하였습니다.

"내가 너희 영혼을 위하여 크게 기뻐하므로 재물을 사용하고 또 내 자신까지도 내어 주리니 너희를 더욱 사랑할수록 나는 사랑을

덜 받겠느냐" (고린도후서 12:15)

바울의 생애는 온전히 하나님의 뜻을 이루어 드리는 생애였습니다. 바울은 영혼 구원을 가장 큰 기쁨으로 알았습니다. 영혼을 구원하기 위해 자신의 재물을 아낌없이 사용하고, 심지어는 자신의 모든 것도 아낌없이 내어 주었습니다. 아버지의 뜻을 이루는 것은 쉬운 일이 아닙니다. 때로는 자신이 가장 하고 싶은 일을 포기해야 하고 재물도 포기해야 합니다.

말씀교사가 되기 위해서는 사도 바울의 마음을 가져야 합니다. 바울처럼 한 영혼을 세우는 것을 기쁨으로 알아야 합니다. 사도 바울은 영혼을 위해 자신의 재물과 시간을 투자했습니다. 말씀교사는 자신의 재물과 시간을 어린이를 위해서 투자해야 합니다. 내 것을 투자하지 않고는 어린 영혼을 구원하기가 어렵습니다.

한 영혼을 세우는 일은 결코 쉬운 일이 아닙니다. 때로는 뼈를 깎는 아픔이 있을 수 있습니다. 한 영혼을 세우기 위해서는 자신의 것을 아낌없이 투자해야 합니다.

"나의 자녀들아 너희 속에 그리스도의 형상을 이루기까지 다시 너희를 위하여 해산하는 수고를 하노니" (갈라디아서 4:19)

사도 바울의 영혼에 대한 애정은 실로 눈물겹습니다. 한 영혼 안에 예수님의 형상을 세우기 위해 마치 여인이 아이를 낳는 해산의 수고를 한다고 했습니다. 여인이 한 생명을 잉태하고 해산하기까지 목숨 건 사투를 벌이고, 때로는 여러 번의 혼절을 한 후에 아이를 낳는 분도 있습니다.

이러한 사투를 벌인 후에 태어난 아이를 본 어머니는 너무도 감격하여 눈물을 흘리며 기뻐합니다. 그토록 아픈 고통을 겪었던 산모는 아이를 안고서는 언제 그랬냐는 듯이 기뻐합니다. 이것이 생명 잉태의 힘입니다. 죽을 것 같은 고통에 시간을 보냈지만 내 몸에서 난 갓난아이를 보는 순간 그렇게 아팠던 것이 봄 눈 녹듯이 없어지고 기쁨이 솟아납니다.

사도 바울도 영혼을 구원하는 것이 여인이 해산하는 고통과 같다고 하였습니다. 그만큼 전도하고 영혼을 구원하는 일이 쉽지 않은 것입니다.

말씀교사는 어린 영혼 속에 예수님의 형상을 심어주어야 합니다. 영혼을 구원하는 일은 결코 쉬운 일이 아닙니다. 그럼에도 이 일을 멈출 수 없는 것은 영혼을 구원하는 이 일이 하나님 아버지의 간절한 뜻이기 때문입니다.

그래서 교사는 쉬운 사역이 아닙니다. 주일이면 아침부터 오후 늦게까지 아이들을 위해 수고하고 애쓰지만, 누구 하나 알아주지 않을 때도 있습니다. 그래도 멈출 수 없는 이유는, 교사가 어린이에게 말씀으로 양육하는 것이 아버지의 뜻이기 때문입니다.

3 천하보다 귀한 한 영혼

　　세계적으로 유명한 감독 중에 스티븐 스필버그라는 천재 감독이 있습니다. 그의 작품은 전 세계 사람들에게 감동과 교훈을 주기도 합니다. 그가 1993년에 만든 '쉰들러 리스트'라는 영화는 제66회 아카데미 시상식에서 작품상과 감독상을 받을 만큼 수준 높은 작품이었습니다.

　'쉰들러 리스트'는 유대인이었던 감독 인생 최대의 역작으로 유대인이 겪었던 슬픔과 역사적 사실을 생생하게 필름에 담았던 작품입니다. 당시 독일의 히틀러는 유대인들을 아주 싫어해서 무려 600만 명이나 되는 사람들을 잔인하게 죽였습니다.

　영화의 주인공인 '쉰들러'는 유대인이 아닌 독일인이며, 나치 당원이었습니다. '쉰들러'는 권모술수가 뛰어났고, 돈을 벌기 위해서는 수단과 방법을 가리지 않는 인물이었습니다. 그저 돈밖에 모르던 그가 눈앞에서 유대인들이 끔찍하게 죽어가는 현실을 보고 그의 인생이 달라지기 시작했습니다.

'쉰들러'는 가스실로 끌려가는 유대인들을 살리기 위해 자신의 전 재산을 털어서 유대인들을 살리기로 합니다. 유대인들을 가스실로 데려가 죽이려는 독일군 장교에게 유대인 한 명을 살려주는 조건으로 돈을 주겠다고 하였습니다. '쉰들러'는 자신의 전 재산을 털어서 유대인의 목숨을 살리기 시작했습니다.

이렇게 해서 '쉰들러'가 구한 유대인의 목숨은 1,100명이나 되었습니다. 이때 살아난 사람들의 명단을 '쉰들러 리스트'라고 합니다. 독일은 전쟁에서 패배했고 유대인들은 자유를 맞이했습니다. '쉰들러' 덕분에 살았던 유대인들은 자신들의 금니를 뽑아 금반지를 만들어 그 반지 안에 이런 구절을 써넣었습니다.

"한 사람의 목숨을 구한 자는 온 세상을 구한 사람이다."

유대인들은 이 반지를 '쉰들러'의 손에 끼워주고 감사의 인사를 하였습니다. '쉰들러'는 유대인들과 헤어지면서 눈물을 흘리며 절규하듯이 말했습니다.

"여기 있는 이 차를 팔았다면 더 많은 사람을 구할 수 있었을 텐데. 내가 입고 있는 이 옷을 팔았다면 여러 사람의 목숨을 구할 수 있었을 텐데."

쉰들러의 절규를 들은 유대인들은 소리 없이 눈물을 흘렸습니다. 유대인들은 쉰들러와 뜨거운 포옹을 하고 작별인사를 고했습니다. 쉰들러는 수많은 유대인을 뒤로하고 독일로 돌아갔습니다.

교사는 '쉰들러'와 같은 마음을 가져야 합니다. 자신의 귀한 달란트나 재물을 팔아서 죽어가는 어린 영혼을 살려야 합니다. 그래서 훗날 그 교사를 통해 구원받은 사람들로 하여금 나만의 구원받은 리스트가 있다면 얼마나 행복하겠습니까? 하나님 아버지의 간절한 소망은 죽어가는 영혼을 구원하는 것입니다.

"이와 같이 이 작은 자 중의 하나라도 잃는 것은 하늘에 계신 너희 아버지의 뜻이 아니니라." (마태복음 18:14)

쉰들러가 유대인들을 위해 자신의 모든 재산을 바쳐 구해준 것은 사람의 영혼이 돈보다 귀하다는 것을 깨달았기 때문입니다. 말씀교사는 먼저 어린 영혼이 귀하다는 것을 알아야 합니다. 그리고 어린이를 인격적으로 대해 주어야 합니다.

"삼가 이 작은 자 중의 하나도 업신여기지 말라." (마태복음 18:10)

예수님은 한 영혼이라도 업신여기거나 무례하게 대하지 않으셨습니다. 그가 부자든 가난하든 명예가 있든 명예가 없던 남자든 여자든 어른이나 어린이나 모두 동일하게 한 영혼으로 대해 주셨습니다. 특히 어린아이의 영혼을 온전한 인격체로 대해 주셨습니다. 지금 이 시대를 사는 교사도 예수님처럼 어린이를 바라보는 시각을 회복해야 합니다.

예수님이 한 어린이를 온전하게 바라보듯이 어린아이를 인격적으로 바라보아야 합니다. 무심코 업신여기거나 무시하는 일이 없어야 합니다. 아이들을 업신여기는 것을 주님이 기뻐하는 일이 아닙니다.

제자들의 실수

아직 변화되지 않은 제자들은 예수님께 오는 어린이들을 막았다가 호되게 꾸지람을 듣기도 하였습니다. 예수님은 어린아이들을 만져주시고 축복하시고 놀아주시기도 하셨습니다. 하지만 제자들은 예수님께 기도받기 위해서 오는 어린이들을 귀찮은 듯 막아섰습니다. 그러자 예수님이 제자들을 꾸짖으면서 말씀하셨습니다.

"예수께서 이르시되 어린아이들을 용납하고 내게 오는 것을 금하지 말라 천국이 이런 사람의 것이니라 하시고"(마태복음 19:14)

어린아이가 예수님께로 오는 것을 막지 말라고 하셨습니다. 천국은 마치 어린아이와 같은 사람의 것이라고 하셨습니다. 하지만 무지했던 제자들은 어린이들을 막았습니다. 어린이들을 교회에 가지 못하게 막거나 신앙생활을 할 수 없도록 하는 어른이 계실 수도 있습니다. 그러나 이것은 예수님께 꾸지람을 들을 만한 행동입니다. 나로 말미암아 어린 영혼이 상처받는 일은 없어야 합니다. 이것은 결코 예수님이 원하시는 일이 아닙니다. 예수님은 한 영혼이라도 잃어버리는 것을 원하지 않으십니다. 혹시 나 때문에 어린 영혼이 상처를 받거나 교회를 등진 적이 있었다면 간절한 마음으로 회개해야 합니다. 말씀 교사는 한 영혼이 천하보다 귀하게 느껴질 수 있도록 기도해야 합니다.

4 어린이가 죽어가고 있다

하나님은 한 영혼을 천하보다 귀하게 여기셨습니다. 죄로 인해 죽을 수밖에 없던 인간의 영혼을 회복하기 위해서 하나밖에 없는 외아들 예수님을 이 땅에 보내 주셨습니다. 죄로 인해 멸망할 수밖에 없는 인간들을 위해 하늘나라로 들어갈 수 있는 길을 열어 주셨습니다. 인간의 죄를 대신하여 예수님을 십자가에 죽게 하시고 누구든지 예수님을 믿는 믿음만 있다면 하늘나라로 들어갈 수 있는 길을 열어 주셨습니다.

그러나 안타깝게도 사단은 사람의 영혼을 마비시키고 있습니다. 예수님이 인간의 영혼을 위해 값진 보혈의 피를 흘리고 하나님 나라로 들어가는 길이 있다는 것을 믿지 못하게 하고 있습니다. 더 많은 무리의 영혼을 파멸의 길인 지옥으로 끌고 가고 있습니다.

사단은 특히 어린이의 영혼을 아주 싫어해서 어려서부터 하나님도 모르고 성경도 모르고 오직 세상에 대한 지식만 가득하게 만들

려고 노력하고 있습니다. 지금 시대는 동서남북 어디를 둘러보아
도 믿음을 지키기에는 너무도 어려운 환경입니다. 사람의 마음속
에 악한 것들이 가득한 문화때문에 영혼이 조금씩 마비되어 가고
있습니다.

오늘날도 예수님을 사랑하는 수많은 전도자들은 한 영혼이라도
구원하기 위해서 노력하고 있지만, 이에 못지않게 사단도 밤잠 자
지 않고 한 영혼이라도 천국에 가지 못하게 하고 지옥으로 끌고
가기 위해서 노력하고 있습니다.

"근신하라 깨어라 너희 대적 마귀가 우는 사자 같이 두루 다니며
삼킬 자를 찾나니" (베드로전서 5:8)

사단은 마치 배고픈 사자가 먹이를 찾아 이리저리 돌아다니듯이
잃어버린 영혼을 잡아먹기 위해 노력하고 있습니다. 사단은 이 시
대 문화 속에 커다란 덫을 놓고 아이들의 영혼을 망가뜨리고 있습
니다. 아이들은 아침부터 밤까지 텔레비전, 게임, 만화 등 폭력적
이고 음란한 문화 속에 노출되어 살아가고 있습니다. 우리 아이들
이 즐기고 있는 컴퓨터 게임은 대단히 폭력적이고 선정적입니다.
화면 그래픽이 너무도 현란하여 뇌를 정상적으로 발달하지 못하게
합니다. 게임 회사들은 더욱 인기있는 게임을 만들기 위해 더 강
한 영상과 선명한 핏자국을 만들어 아이들을 유혹하고 있습니다.

아이들의 모든 문화는 시각으로 영향을 받게 되어 있습니다.

우리 눈으로 들어오는 정보의 약 80% 이상이 시각으로 전달된다고 합니다. 주위를 둘러보아도 아이들의 시각을 자극하고 폭력적이고 선정적인 것투성입니다. 이런 문화적인 환경 속에서 우리 아이들의 믿음을 지킨다는 것은 대단히 어려운 일입니다.

교회에 다니는 아이들도 여전히 세상의 선정적인 문화 속에 살아갑니다. 오늘날의 어린이들은 대부분을 학교와 학원에서 시간을 보냅니다. 그리고 일주일에 한 번 어린이 예배를 드립니다. 일주일에 1시간 예배드리면서 믿음을 유지한다는 것은 불가능합니다. 세상에 문화에 익숙한 어린이들이 한 시간 드리는 예배드리는 모습은 어떤 모습일까요? 신령과 진정으로 드리는 예배가 아니라 옆 친구와 장난하고 형식적인 예배를 드리는 것이 오늘날의 현실입니다. 어린이 영혼에 새겨지고 있는 세상 문화는 기독교 문화와 너무나 다르기 때문입니다.

하나님은 인간을 창조하실 때 하나님의 형상대로 창조하셨습니다. 인간은 실로 위대한 존재입니다. 사람의 몸은 70% 이상이 물로 되어 있습니다. 사람에게 있어 물은 생명과도 같습니다. 물이 없으면 생존하지 못합니다. 마찬가지로 사람의 몸에 물이 70%차지하는 것처럼 인간의 영혼은 하나님의 말씀으로 채워져야 합니다. 그러나 하나님의 말씀으로 채워져야 할 공간에 세상에 잡다한 문화로 채워진다면 어린이의 마음과 생각은 죄로 오염되고 말 것입니다.

　구약에 눈물의 선지자 예레미야는 하나님의 거룩한 성전 예루살렘이 참담하게 부서지고 폐허가 된 예루살렘 성전을 보면서 창자가 끊어지는 고통을 느꼈습니다. 그리고 어린아이들이 부모를 잃고 먹을 것이 없어 울고 있는 것을 바라보면서 괴로움에 눈물을 흘렸습니다.

> "내 눈이 눈물에 상하며 내 창자가 끊어지며 내 간이 땅에 쏟아졌으니 이는 딸 내 백성이 패망하여 어린 자녀와 젖 먹는 아이들이 성읍 길거리에 기절함이로다." (예레미야애가 2:11)

　너무나 고통스러운 환경 앞에서 눈물의 선지자 예레미야는 한없이 슬퍼했습니다. 슬픔에 슬픔이 더해지자 그의 창자가 끊어지고 간이 땅에 쏟아질 만큼 슬퍼했습니다. 예레미야가 이토록 슬퍼한 것은 백성들이 패망하고 어린아이들이 고난을 받는 것을 보았기 때문이었습니다.

　젖 먹는 아이와 어린아이들을 갈 곳 없이 성읍을 방황하기도 하고 배고픔과 허기에 길거리에 굶주린 어린이를 본 예레미야는 참을 수 없는 슬픔으로 눈물을 흘렸습니다. 눈물의 선지자 예레미야는 민족의 소망이 어린아이들에게 있음을 알았습니다. 민족의 소망인 아이들이 갈 곳 없이 이 거리 저 거리에서 목적없이 방황하는 것을 보자 창자가 끊어질 듯한 슬픔의 눈물을 흘렸습니다.

지금 이 시대의 아이들도 마찬가지입니다. 예레미야가 살았던 시대와는 달리 먹을 것은 풍족하고 세상 온갖 문화가 발달하였지만, 아이들의 황폐한 영혼은 그때와 같습니다. 지금 사는 어린이는 영혼의 만족을 찾지 못해 아이들은 더욱 더 감각적인 것을 찾아 영적인 고아가 되어 이 거리 저 거리를 헤매고 있습니다.

하나님의 말씀이 없으면 인생의 기준을 잡을 수 없습니다. 살아가야 할 인생의 방향을 잃어버리고 이리저리 방황하게 됩니다. 악한 영들은 혼란한 것을 생각과 마음속에 집어넣고 예수님을 만나지 못하게 합니다. 지금 이 시대에 어린아이들이 이렇습니다. 보이는 환경은 넉넉하고 풍족하게 보이지만 내면의 상태는 폐허가 되고 메말라 있습니다.

"주 여호와의 말씀이니라 보라 날이 이를지라 내가 기근을 땅에 보내리니 양식이 없어 주림이 아니며 물이 없어 갈함이 아니요 여호와의 말씀을 듣지 못한 기갈이라" (아모스8:11)

구약에 아모스 선지자는 오늘날에 상황을 너무도 정확하게 표현하고 있습니다. 지금 이 시대는 먹는 것은 넘쳐나지만, 영혼에 대한 양식은 전혀 없는 시대입니다.

　말씀교사의 사명은 영혼이 굶주려 있는 아이들에게 말씀을 전해 주어야 합니다.

5 어린이에게
말씀을 가르쳐야 한다

인간은 태어나면서부터 주먹을 꽉 쥐고 태어납니다. 갓난아이가 태어나는 그 순간부터 인생이라는 치열한 경쟁으로 들어가게 됩니다. 경쟁에서 이기는 자와 경쟁에서 밀리는 자의 차이가 있는 것이 인생입니다.

인간은 경쟁에서 살아남기 위해 태어나는 그 순간부터 본능적으로 학습합니다. 현대사회에서는 학습하지 않으면 살아남을 수 없습니다. 학습은 모르는 것을 하나하나 알아가는 과정입니다. 학습하지 않은 사람은 성장할 수 없고, 거친 풍랑이 이는 인생이라는 파도를 헤쳐나가지 못합니다.

그래서 교육은 마치 컴퓨터와 같다고 할 수 있습니다. 컴퓨터에 기본 기능은 입력과 출력인데, 입력하는 자료가 있어야 원하는 내용을 출력할 수 있습니다. 절대로 입력과 출력이 다르게 나오지 않습니다. 교육도 마찬가지입니다. 자신이 원하는 목표가 있을 때 그 목표가 출력하기를 원한다면 입력 또한 정확하게 해야 이룰 수 있습니다. 교육은 입력을 잘하는 것입니다.

말씀교사는 어린아이들에게 말씀을 입력해야 말씀대로 순종하는 사람으로 세울 수 있습니다. 그래서 말씀교사는 예수님의 사랑을 입력하고, 구원을 입력해 주어야 어린이들이 영생이라는 열매를 출력하게 됩니다.

말씀교사는 아이들에게 하나님이 주신 놀라운 비전과 꿈을 심어 주어야 합니다. 하나님이 주신 놀라운 뜻을 알고 그 뜻대로 어린아이를 양육해야 합니다.

말씀교사는 어린이를 예수님께로 인도하는 안내자와도 같습니다. 여행할 때 안내자가 잘못 안내하면 길을 잃을 수도 있고 엉뚱한 곳으로 가서 고생할 수도 있습니다. 교사는 어린이들을 예수님이 계시는 곳까지 안전하게 안내해 주는 안내자가 되어야 합니다.

또한, 말씀교사는 예수님과 어린이를 연결해 주는 연결고리와도 같다고 할 수 있습니다. 기차를 보면 칸마다 튼튼한 고리로 연결되어 있어서 아무리 빨리 달려도 이탈되지 않고 서로 붙어 있습니다. 이것처럼 말씀교사는 예수님과 어린아이를 서로 연결해 주는 튼튼한 고리 역할을 해 주어야 합니다. 말씀교사가 이 연결고리 역할을 잘해 주지 않으면 어린이들이 세상으로 이탈할 수 있습니다. 안내자이자 연결고리와도 같은 말씀교사가 어린이들에게 무엇을 입력해야 할까요?

먼저 아이들에게 교육할 것은 마땅히 행할 길을 알려 주어야 합니다. 우리나라 속담에 세 살 버릇이 여든까지 간다는 속담이 있습니다. 어려서 형성된 잘못된 지식과 습관은 어른이 되어서도 고치기가 어렵다는 것입니다. 어려서부터 마땅히 행할 것과 바르게 생각하고 사고하는 교육을 받아야 합니다.

유아교육을 연구하는 학자들에 의하면 유아시기에 배운 교육은 그의 인생에 커다란 영향을 끼친다고 합니다. 그렇습니다. 교육은 어려서부터 시키는 것입니다. 어릴 때 세상교육만 한다면 하나님의 사람으로 살기가 어렵습니다.

먼저 하나님의 말씀으로 마땅히 행할 길을 교육해야 합니다. 마땅히 행할 길을 어떤 길을 말하는 걸까요? 마땅히 행할 길은 일평생 걸어가도 되는 바른길을 의미합니다. 마땅히 행할 길은 예수님이 걸어가시고 성경 인물들이 걸어가셨던 그 생명의 길을 의미합니다. 예수님은 우리 모두에게 생명의 길을 걸어가도록 인도해 주시고 계십니다.

그러나 많은 사람은 예수님이 우리에게 제시해 주는 생명의 길을 거부하고 멸망의 길로 걸어가고 있습니다. 신앙은 두 가지 중에 한 길을 선택하는 것입니다. 생명의 길과 멸망의 길 중에 한 곳을 선택해야 합니다.

간혹 뉴스에서 보도되는 것을 보면 많은 청소년이 잘못된 길로 들어섰다가 범죄자가 되고, 교도소에서 참회의 눈물을 흘리며 후회하는 것을 볼 때가 있습니다. 이들은 길을 잘못 선택한 것입니다. 어려서 어떤 교육을 받았느냐에 따라서 아이의 인생이 180도 달라질 수 있습니다.

어린 영혼의 마음속에 예수님을 소개하고, 그분과 동행하게 해 주었으면 잘못된 길로 가지 않았을 것입니다.

"예수께서 이르시되 내가 곧 길이요 진리요 생명이니 나로 말미암지 않고는 아버지께로 올 자가 없느니라." (요한복음 14:6)

세상에는 많은 길이 있습니다. 어떤 길은 예수님이 기뻐하는 길이 있지만, 어떤 길은 사단이 좋아하는 길이 있습니다. 어떤 길은 사람이 보기에는 바르나 하나님이 보시기에 멸망의 길이 될 수도 있습니다. 어린이들에게 바른길을 걸어갈 수 있도록 교육해야 합니다. 인생에 가장 확실하고 바른길은 바로 예수님이 우리에게 주신 길입니다.

예수님은 "길이요 진리요 생명"입니다. 예수님이 가신 길을 걸어가고 예수님이 우리에게 전해주신 진리의 말씀을 가슴에 품으면 영원한 생명을 소유할 수 있습니다. 길이요 진리요 생명되신 예수님을 따라가면 구원을 얻을 수 있습니다. 바로 예수님을 통해서만 하늘 아버지께로 갈 수 있습니다. 기독교 교육의 핵심은 바로 생명 되신 예수님을 어린아이들의 마음속에 심어주는 것입니다. 그럴 때 사람이 보기에는 어리석어 보이지만 생명의 길로 걷고 있는 어린이들을 말씀 교사를 볼 수 있을 것입니다.

현대는 아주 빠르게 진행되는 정보화 시대입니다. 세상 모든 것이 하루가 다르게 변화고 있습니다. 혹자는 이 세대를 빛보다 빠르게 변화되는 시대라고도 합니다. 그만큼 빠르게 변화되어 간다는 뜻입니다. 하루를 일어나면 새로운 물건이 나오고, 새로운 사건들로 문명이 변화되어 가고 있음을 볼 수 있습니다.

세상이 너무나 빠르게 변화되다 보니 사람들은 변화하는 세상 속에서 살아남기 위해서 분주하게 일을 하고 있습니다. 세상이 빠르게 변하는 것만큼 삶의 기준 역시 빠르게 변화되고 있습니다. 이전에는 옳은 것이 세상이 변하면서 옳지 않은 일이 되기도 합니다. 한마디로 윤리적인 기준이 무너지는 시대가 되었습니다. 지금 우리는 절대적인 기준이 없는 위태로운 시대를 살고 있습니다.

세상이 아무리 빠르게 변화되어도 절대로 변하지 않는 것이 있습니다. 그것은 성경입니다. 성경의 주인공은 예수님이십니다. 예수님은 우리에게 절대적인 기준을 제시해 주고 계십니다. 성경에서 말하는 기준이 바로 '진리'입니다. 진리는 어떤 상황에서도 변화지 않는 것입니다.

진리는 마치 등대와도 같습니다. 망망대해에서 배들을 옳은 길로 인도해 주는 기능을 하는 것이 등대입니다. 등대는 변하지 않습니다. 등대는 언제나 그 자리에서 꿋꿋하게 바른길을 제시해 줍니다. 만약 등대가 자리가 마음에 들지 않는다고 이리저리 옮긴다면 그것은 등대로서의 가치를 상실한 것입니다. 등대처럼 변하지 않는 기준을 확실히 주어야 합니다.

예수님은 '길'이십니다. 예수님은 '진리'입니다. 그리고 예수님은 '생명'입니다. 인간에게 가장 중요한 것은 생명입니다. 생명은 돈으로 살 수 없습니다. 생명은 금으로 대신 살 수도 없습니다. 로켓을 만들고 우주선을 만드는 과학자도 생명은 단 1초도 연장할 수 없습니다. 아무리 유능한 의사라도 죽어가는 사람의 생명을 살릴 수는 없습니다.

부모가 자신의 자녀를 아무리 사랑해도 아이의 생명은 책임지지 못합니다. 생명을 주시고 주관하시는 분은 하나님 한 분밖에 없습니다.

어린이에게 줄 수 있는 가장 큰 교육은 성경을 전수해 주는 것입니다. 어려서부터 성경에서 말하는 사고와 지혜를 알려주고 하나님을 경외하는 마음을 심어주어야 합니다. 어린이에게 성경 교육은 선택이 아니고 필수적으로 교육해야 합니다. 어린이에게 말씀을 가르치지 않으면 세상에 우리 아이들을 빼앗길 수도 있습니다.

사단은 호시탐탐 어린이의 영혼을 빼앗아 가기 위해서 노력하고 있습니다. 사단은 매우 집요하고 간교해서 아이의 영혼을 하나님과 멀어지게 합니다. 우리 아이를 사단에게서 지키는 것은 성경을 교육하고 성경에서 말하는 사람으로 양육하는 것입니다.

여기 재미있는 예화가 있습니다. 사단의 학교에서는 인간의 영혼을 파괴하기 위해서 연구하는 모임이 있었습니다. 그들이 연구하는 것은 '사람들에게 어떻게 하면 죄를 많이 짓게 할 수 있을까?' '어떻게 하면 사람들을 분노하게 하고, 다투게 하고, 서로 물어뜯으며 싸우게 할 수 있을까?'를 날마다 연구했습니다.

그런데 놀랍게도 사단의 학교에서도 성경을 연구하는 반이 있었습니다. 누군가가 너무도 궁금해서 물었습니다.

"아니, 사단이라면 성경을 끔찍하게 싫어해야 하는 거 아닌가요? 성경을 공부한다니 도무지 믿어지지가 않습니다."

그러자 사단의 나라 학교 교장은 웃으면서 대답하였습니다.

"킥킥킥- 우리는 꼴도 보기 싫은 그리스도인들을 죄에 빠지게 하려고 성경을 연구한다네."

"그게 무슨 말입니까? 죄를 짓게 하는 것과 성경을 연구하는 것이 무슨 연관이 있습니까?"

"우리가 성경을 연구하는 것은 그리스도인들이 죄를 지을 때 죄라고 인식하지 못하게 하려고 성경을 연구한다네. 그러기 위해서는 우리가 성경을 모르면 그들을 유혹할 수 없기 때문이지."

이렇게 말하고 사단의 나라 교장은 어둠 속으로 사라졌습니다.

"만일 내가 악마라면 나의 최우선 공격 목표 중 하나는 사람들이 성경을 공부하지 못하도록 막는 것입니다." -제임스 제이 패커-

세상에서 유일하게 성경을 가르치는 곳은 교회입니다. 그런데 과연 몇 교회에서 주일학교 학생들에게 성경을 교육하는 열심을 내고 투자를 할까요? 주일학교 아이들이 얼마큼 성경을 마음에 새기고, 그 말씀대로 살려는데 관심이 있나요? 교회는 좀 더 열심히 성경을 교육하는 일에 투자해야 합니다. 특별히 교회에서 어린이에게 성경을 교육하는 사람이 말씀교사입니다. 말씀교사는 세상 교육으로 가득 채워져 있는 아이의 심령에 말씀이 우선순위가 되도록 교육해야 합니다.

"성경을 늘 펴고 있으라 그대의 천국 가는 길도 늘 펼쳐져 있을 것이다." -에이브러햄 링컨-

3부
성경의 힘

1 어려서부터 성경을 교육해야 합니다

"또 어려서부터 성경을 알았나니 성경은 능히 너로 하여금 그리스도 예수 안에 있는 믿음으로 말미암아 구원에 이르는 지혜가 있게 하느니라." (디모데후서 3:15)

신약 성경에서 가장 많은 부분을 기록한 분은 사도 바울입니다. 사도 바울은 죽음을 앞두고 감옥에서 인생의 마지막을 정리하면서 사랑하는 제자 디모데에게 마지막 유언처럼 기록한 것이 디모데후서입니다. 디모데후서는 아주 놀라운 교훈이 담겨 있습니다.

마지막 생을 정리하면서 디모데에게 주셨던 교훈 중의 하나가 성경에 대한 교훈이었습니다. 바울은 디모데후서에서 성경에 관한 놀라운 말씀을 하셨습니다. 사랑하는 자녀에게 그 무엇보다도 성경 교육을 최우선적으로 교육하라고 하셨습니다.

바울은 디모데를 신뢰하고 누구보다도 사랑하셨습니다. 마지막 순간에는 디모데가 어려서부터 성경을 교육받았다고 칭찬하였습니다. 어려서부터 교육받은 성경교육으로 디모데는 하나님의 놀라운 일군이 되었습니다.

바울은 디모데에게 '어려서부터 성경을 알았나니'라고 하셨습니다. 바울은 그만큼 어린 시기에 성경을 교육받는 것이 중요하다는 것을 알고 계셨습니다. 어른이 되어 받는 교육보다는 어려서부터 성경에 대한 교육을 받는 것이 훨씬 효과가 있습니다.

유아교육을 연구하는 학자들에 의하면 유아시기에 두뇌가 가장 활발하게 발달한다고 합니다. 이 연구로 인해 대부분의 선진국이 앞을 다투어 유아시기에 영재교육을 하고 있습니다. 어려서부터 교육을 받은 아이들은 그만큼 창의력이 발달하고 두뇌에 좋은 자극으로 미래를 선점하게 됩니다.

바울은 오늘날의 유아교육 이론을 이미 2,000년 전에 알고 있었던 것 같습니다. 어려서 받은 교육이 그 아이의 인생을 결정한다는 것을 알았기에 어려서부터 성경을 교육해야 한다고 기록하고 있습니다. 바울도 예수님처럼 어린 영혼을 누구보다 소중하게 여기고 있습니다.

어떤 사람이 무더운 날 열심히 땀을 흘리면서 벽돌에 무늬를 새겨 넣는 일을 하고 있었습니다. 그러자 지나가던 사람이 호기심이 생겨서 물었습니다.

"아니, 이 더운 날에 뭘 그리 열심히 하고 계십니까?"

그러자 일을 하던 사람이 땀을 닦으며 말했습니다.

"예, 여기 쌓여 있는 벽돌에 무늬를 새기고 있습니다. 그런데 제가 그만 깜빡 잊고 벽돌을 굽기 전에 무늬를 안 넣었지 뭡니까? 그래서 다시 망치와 정으로 벽돌 안에 무늬를 넣고 있습니다."

벽돌이 굽기 전에 무늬를 넣었다면 쉬웠을 것을 벽돌이 굳은 후에 무늬를 넣으려고 하니 몇 배의 어려움이 있었던 것입니다. 어린이도 마찬가지입니다. 어린이는 스펀지와도 같아서 어려서는 무엇을 교육하든 잘 받아들입니다. 그러나 점점 어른이 되어가면서는 선입관이 생기고, 자기만의 고집이 생겨서 교육하기가 어려워집니다.

디모데는 어린 시절부터 성경으로 잘 양육받았다고 하였습니다. 어린 디모데에게 성경을 가르쳐주신 분이 계셨습니다. 그가 부모일 수도 있고 교사일 수도 있습니다. 어린 디모데에게 그저 성경만을 교육한 것이 아니라, 성경을 마음속에 각인되도록 교육했다는 것이 중요합니다. 성경을 교육한다는 것은 쉬운 일이 아닙니다. 성경이야기만 들려주며 동화식으로 전달하는 것을 넘어서서 아이들 마음에 각인시키겠다는 목표를 가져야 합니다.

2 성경의 힘

"또 어려서부터 성경을 알았나니 성경은 능히 너로 하여금 그리스도 예수 안에 있는 믿음으로 말미암아 구원에 이르는 지혜가 있게 하느니라." (디모데후서 3:15)

성경에는 놀라운 힘이 있습니다. 성경은 영혼이 구원받게도 하고, 사단을 물리치기도 하고, 죄를 이기게도 하는 힘이 있습니다. 사도 바울은 어려서부터 성경을 교육하라고 합니다. 어려서부터 성경을 배우면 3가지 유익이 있습니다.

첫째, 성경은 예수님을 알게 합니다.
둘째, 성경은 믿음이 생기게 합니다.
셋째, 성경은 구원에 이르는 지혜가 있게 합니다.

1. 성경은 예수님을 알게 합니다.

성경의 주인공은 예수님입니다. 성경은 예수님이 어떤 분인지를 정확히 알려 줍니다. 그리고 예수님을 영접하고 예수님과 함께하는 삶을 알게 해 줍니다. 예수님과 함께한다는 것은 그분이 우리의 구주가 되시며, 예수님과 동행하는 삶을 의미합니다. 진정한 구원은 오직 예수 그리스도 안에 있으며, 진정한 안식과 행복도 예수님 안에서만 가능합니다.

비바람이 불고 폭풍우가 몰아쳐도 부모님 품 안에 있는 아이는 평화로움을 유지할 수 있습니다. 아무리 추워도 어머니 품 안에 있는 아이는 두려워하지 않고 곤히 잠을 잡니다. 그것처럼 예수님 안에 거하면 세상 거친 풍파에서도 평화로운 마음을 가질 수 있습니다.

기독교 교육의 핵심은 예수 그리스도를 닮게 하는 데 있고, 아이들의 인생을 예수님께 맡기며 동행하는 삶을 살게 하는 것입니다.

"내 안에 거하라 나도 너희 안에 거하리라 가지가 포도나무에 붙어 있지 아니하면 스스로 열매를 맺을 수 없음같이 너희도 내 안에 있지 아니하면 그러하리라." (요한복음 15:4)

예수님 안에 거하면 놀라운 축복이 따라옵니다. 포도나무가 가지에 붙어 있을 때 열매를 맺을 수 있는 것처럼 신앙은 예수님께 꼭 달라붙으면 예수님이 원하는 열매를 맺을 수 있습니다. 우리가 할 일은 예수님께 붙어 있고 절대 떨어지지 않는 것입니다. 예수님께 붙어 있고 동행하는 원리가 성경 속에 들어 있습니다. 성경을 모르고서는 예수님과 동행할 수 없습니다. 예수님 안에는 우리가 상상할 수도 없는 놀라운 축복이 숨겨져 있습니다.

"우리는 그리스도 안에서 그의 은혜의 풍성함을 따라 그의 피로 말미암아 속량 곧 죄 사함을 받았느니라." (에베소서 1:7)

"그 안에서 너희도 진리의 말씀 곧 너희의 구원의 복음을 듣고 그 안에서 또한 믿어 약속의 성령으로 인치심을 받았으니" (에베소서 1:13)

말씀교사는 자신이 먼저 예수님 안에 거해야 합니다. 그리고 아이들에게 예수님 안에 거하는 축복을 알려 주어야 합니다.

2. 믿음이 자라납니다.

성경의 두 번째 힘은 '믿음'입니다. 예수님이 우리에게 원하시는 것이 있습니다. 바로 '믿음'입니다. 믿음이 큰 사람을 보면 예수님은 한없이 기뻐하셨고 믿음이 적은 사람을 보면 안타까워했습니다. 예수님을 만나면 누구든 믿음이 성장해야 합니다. 믿음은 예수님을 가장 기뻐하게 만듭니다.

"예수께서 들으시고 놀랍게 여겨 따르는 자들에게 이르시되 내가 진실로 너희에게 이르노니 이스라엘 중 아무에게서도 이만한 믿음을 보지 못하였노라." (마태복음 8:10)

예수님은 로마의 군사 백부장의 믿음을 보시고 너무도 기뻐하셨습니다. 그리고 주변에 사람들에게 보기 드문 칭찬을 하셨습니다. 예수님께 놀랍게 여기시면서 이스라엘 중 이만한 믿음을 만나보지 못했다고 하셨습니다. 그가 비록 로마의 군인으로 이방인이었지만 온 이스라엘에 유대인보다도 믿음이 크다고 인정하셨습니다. 예수님은 믿음이 있는 사람을 만나보기를 원하십니다. 믿음이 있는 사람을 바로 알아보십니다. 예수님은 우리 안에 믿음이 성장해야 합니다.

"예수께서 이르시되 어찌하여 무서워하느냐 믿음이 작은 자들아 하시고 곧 일어나사 바람과 바다를 꾸짖으시니 아주 잔잔하게 되거늘" (마태복음 8:26)

이와는 반대로 예수님을 믿지 못하고 두려워하는 제자들을 향해 믿음이 작은 자들아 하시면서 꾸짖으셨습니다. 베드로는 풍랑을 헤치고 걸어오시는 예수님을 보고 물 위를 걷게 해달라고 하였습니다. 베드로는 풍랑을 보지 않고 예수님을 똑바로 보고 걸어갈 때는 물 위를 잘 걸어갔습니다. 하지만 그만 풍랑이 이는 것을 보고 두려운 마음이 들자 그만 물속에 빠지고 말았습니다. 믿음은 예수님을 바라보는 것입니다. 어떤 환경과 조건 속에서도 위축되지 않고 예수님만 바라보고 나아가는 것입니다. 예수님은 우리 안에 있는 믿음을 보시고 계십니다.

"믿음이 없이는 하나님을 기쁘시게 하지 못하나니 하나님께 나아가는 자는 반드시 그가 계신 것과 또한 그가 자기를 찾는 자들에게 상 주시는 이심을 믿어야 할지니라." (히브리서 11:6)

믿음이 없이는 하나님을 기쁘시게 할 수 없습니다. 믿음은 하나님을 변치 않는 마음으로 신뢰하는 것입니다. 믿음은 예수님께 나아가는 표와도 같습니다. 믿음의 선진들은 이 믿음을 지키기 위해 온갖 고난을 참고 심지어는 죽음으로 믿음을 지키기도 하였습니다.

그러나 사단은 이 믿음을 아주 싫어합니다. 사람 안에 심어진 믿음을 빼앗기 위해 수단과 방법을 가리지 않습니다. 어린이에게 믿음을 방해하려고 세상의 온갖 문화를 동원해서 막고 있습니다. 오늘날의 문화는 인간의 영혼과 인격을 파괴하는 기능을 합니다.

사단은 어린이라고 해서 봐주거나 이해해 주지 않습니다. 오히려 어린아이일수록 더 집요하게 영혼을 파괴하려고 합니다. 이러한 혼미한 문화 속에서 믿음의 방패가 있어야 흔들리지 않고 믿음을 지킬 수 있습니다.

마지막 시대가 이르게 되면 사단은 온갖 방법을 동원해서 믿는 자들을 넘어뜨리려고 합니다. 예수님은 마지막 세대에는 거짓 선지자들이 일어나 많은 사람을 미혹하게 한다고 하셨습니다.

"거짓 선지자가 많이 일어나 많은 사람을 미혹하겠으며"
(마태복음 24:11)

"거짓 그리스도들과 거짓 선지자들이 일어나 큰 표적과 기사를 보여 할 수만 있으면 택하신 자들도 미혹하리라."
(마태복음 24:24)

거짓 선지자들과 거짓 그리스도가 나타나 큰 기적과 이적을 행하고 택하신 성도들을 미혹하게 하려고 몸부림친다고 하였습니다. 미혹은 우리 안에 잘못된 지식을 심어주는 것입니다. 미혹에 넘어간 사람들은 거짓 믿음을 강요받게 되고 거짓 믿음으로 구원받지 못할 수 있습니다. 마지막 시대에 믿음을 굳건히 지키고 있어야 합니다. 이 믿음이 있어야 예수님이 계신 천국에 갈 수 있으며, 예수님이 기뻐하는 사람이 될 수 있습니다.

3. 구원에 이르는 지혜가 있게 합니다.

성경의 세 번째 힘은 '구원에 이르게' 합니다. 성경은 예수님을 알게 합니다. 예수님을 알고 영접하는 자에게는 믿음이 생깁니다.

그리고 믿음의 결과로 구원에 이르는 축복을 받습니다. 사람들은 아담이 죄를 범한 이후부터 죄로 말미암아 많은 고통을 받고 있습니다. 죄는 사단이 사람들에게 줌으로 하나님을 반역하게 하고, 하나님과 멀어지게 만들었습니다. 사람의 힘으로는 죄의 문제를 해결할 수가 없습니다.

인간은 자기 자신을 구원할 능력이 없습니다. 구원은 하나님 은혜의 선물입니다. 예수님의 십자가의 돌아가심으로 그 사실을 믿음으로 구원을 받을 수 있게 되었습니다. 구원은 인간의 힘으로 된 것이 아닙니다. 예수님이 십자가에 돌아가심으로 인간이 구원에 이르게 되는 길을 열어 주셨습니다.

구원은 예수님을 만나고 예수님을 주로 시인하고 그분을 구주로 영접할 때 선물로 받는 것입니다. 구원은 사람의 노력에 따라서 이루어지는 것이 아닙니다. 하나님이 사람들을 긍휼히 여기셔서 구원받는 길을 열어 주신 것입니다.

"하나님이 세상을 이처럼 사랑하사 독생자를 주셨으니 이는 그를 믿는 자마다 멸망하지 않고 영생을 얻게 하려 하심이라."
(요한복음 3:16)

"너희는 그 은혜에 의하여 믿음으로 말미암아 구원을 받았으니 이것은 너희에게서 난 것이 아니요 하나님의 선물이라."
(에베소서 2:8)

구원은 사람의 노력이나 고행으로 얻어지는 것이 아닙니다. 전적으로 하나님의 사랑으로 인간에게 구원의 길을 열어 놓으신 것입니다. 하나님이 우리에게 구원의 길을 열어주셨지만, 그 길을 선택하는 것은 우리 자신입니다.

구원받은 사람은 또 다른 축복이 따라옵니다. 그것은 '지혜'입니다. 지혜는 세상을 살아갈 때 반드시 가지고 있어야 합니다. 지혜로운 자는 인생에 성공하면서 살 수 있지만, 지혜가 없는 자는 인생을 낭비하고 허비할 수 있습니다.

지혜는 옳고 그른 것을 분별할 수 있는 능력입니다. 지혜가 있는 사람은 옳지 않은 행동은 하지 않습니다. 그러나 지혜가 없는 사람은 가지 말아야 할 곳만 골라서 가고 행동하는 미련한 사람입니다. 아이들에게 꼭 교육해야 할 것 중의 하나가 지혜입니다. 잠언에 보면 지혜는 여호와를 경외하는 자에게 임한다고 기록하고 있습니다.

"여호와를 경외하는 것이 지식의 근본이거늘 미련한 자는 지혜와 훈계를 멸시하느니라." (잠언 1:7)

"여호와를 경외하는 것이 지혜의 근본이요 거룩하신 자를 아는 것이 명철이니라." (잠언 9:10)

참 지혜는 하나님을 알고 그분을 경외하는 것입니다. 지금 아이들의 일과가 거의 세상 학습을 배우고 컴퓨터 하는데 시간을 투자합니다. 그러나 이런 것보다 더 중요한 것은 성경을 통해서 하나님을 알려 주고, 하나님을 경외하는 삶을 살아야 함을 교육해야합니다. 오뚝이는 아무리 넘어뜨리려고 해도 중심이 잡혀 있어서 넘어지지 않습니다. 그것처럼 어린 영혼의 중심을 신앙으로 바로 세워주면 넘어지는 인생이 아니라 어떤 어려움도 이겨내는 승리하는 인생이 될 것입니다.

3 성경의 4가지 유익

"모든 성경은 하나님의 감동으로 된 것으로 교훈과 책망과 바르게 함과 의로 교육하기에 유익하니 이는 하나님의 사람으로 온전하게 하며 모든 선한 일을 행할 능력을 갖추게 하려 함이라." (디모데후서 3:16~17)

교육은 사람 중심인 인본주의 교육이 있고, 하나님 중심인 신본주의 교육이 있습니다. 사도 바울은 어려서부터 성경을 중심으로 한 신본주의 교육을 먼저 가르쳐야 한다고 말하고 있습니다.

지금 어린이들은 교육에 우선순위가 뒤바뀌어 있습니다. 먼저 세상 교육을 받고 남는 시간에 성경에서 말하는 교육을 받고 있습니다.

교회는 그 어떤 교육보다는 말씀을 어린이들의 마음속에 각인시켜야 합니다. 각인이란 것은 석수장이가 돌 위에 글을 써서 절대

지워지지 않도록 하는 것과 같습니다. 말씀교사는 말씀이라는 도구로 아이의 가슴에 조각하는 조각가와도 같습니다.

성경은 하나님의 감동으로 기록된 것으로 아이들을 바르게 자라게 하는 힘이 있습니다. 아이들의 인생에 나침반처럼 방향을 제시해 주는 능력이 있습니다. 성경은 '교훈', '책망', '바르게 함' '의로 교육'할 수 있는 능력이 있습니다.

아이들의 인생에 이 4가지를 적절하게 교육된다면 미래가 달라질 것입니다.

1. 교훈

아이를 잘 양육하기 위해서는 먼저 삶의 기준이 되는 교훈이 있어야 합니다. 잘못된 길을 갈 때 바른길을 제시할 수 있는 교훈이 있어야 아이가 바르게 자랄 수 있습니다. 교훈은 잘못할 때 그 잘못을 지적해 주는 것입니다.

지금 아이들의 문제는 부모가 말을 하거나 어른들이 잘못을 지적해도 듣지 않는 것입니다. 지금 아이들은 귀를 닫고 살아가고 있습니다. 그저 자신이 듣고 싶은 말만 듣고, 듣기 싫은 책망이나 훈계는 귀를 닫고 듣지 않으려고 합니다.

공부를 잘하는 방법의 하나는 선생님의 말씀을 잘 듣는 것입니다. 수업시간에 졸거나 장난하는 친구는 공부를 잘할 수 없습니다. 신앙도 마찬가지입니다. 신앙이 성숙한 사람들은 하나님을 향해 귀가 열려 있는 사람입니다. 하나님께서 세미한 음성으로 말씀하시는 것을 듣는 사람이 신앙이 좋은 사람입니다.

2. 책망

책망은 아이들이 바른길을 가지 않거나 정도를 가지 못할 때 혼을 내주는 것을 의미합니다. 아이들은 적절한 책망을 받아야 합니다. 책망은 일종에 기준을 잡아 줍니다. 아이들이 잘못할 때 책망을 받음으로 반성하게 되고 후에 잘못된 행동을 되풀이하지 않습니다.

그러나 책망할 때는 지혜롭게 해야 합니다. 교사의 분을 이기지 못해서 일종의 화풀이로 책망하게 되면 아이가 상처를 받게 됩니다. 아이를 책망할 때 일관성없이 소리치거나 분노를 표현하면 아이의 마음에 반발심이 생길 수 있습니다. 아이를 책망할 때 아이의 잘못된 행동을 내 생각대로 혼내는 것이 아니라 말씀을 근거로 책망해야 합니다. 아이에게 말씀이 기준이 되어 반성하고 돌이키게 하는 것을 훈련해야 합니다. 성경은 우리의 모든 삶의 기준과 판단의 표준입니다. 이렇게 책망받았을 때 어른이 되어서도 성경을 내 삶을 비추어 보면서 살아갈 수 있습니다.

3. 바르게 함

아이를 교육할 때 하나님을 향한 기준이 교훈과 책망으로 바르게 키워야 합니다. 크리스천 가정의 부모라면 누구나 사랑하는 자녀가 바르게 양육되기를 원할 것입니다. 아이가 바르게 살고 의롭게 살기 위해서는 바른 중심점이 있어야 합니다. 바른 중심점이 성경입니다. 성경을 떠나서는 하나님이 기뻐하는 삶을 살 수가 없습니다.

지금의 아이들은 이기적인 삶을 살아가고 있습니다. 오직 내가 기준이 되어 내가 하고 싶은 것을 고집하면서 살고 있습니다. 어린이들을 망치는 지름길은 아이가 하고 싶은 대로 하게 하는 것입니다. 지금의 어린이들은 삶의 기준점이 없습니다. 삶의 중심이 없기 때문에 그 중심에 내 본능이 자리 잡고 있는 것입니다. 이기적인 삶의 패턴이 기준이 되어 버렸습니다.

종이 위에 그냥 동그라미를 그리면 삐뚤삐뚤하게 그려지지만, 컴퍼스에 중심을 잡고 그리면 원하는 크기에 동그라미를 반듯하게 그릴 수 있습니다. 이것처럼 말씀교사는 어린이들에게 '말씀의 원'을 정확하게 그려주어야 합니다.

4. 의

의로 교육한다는 것은 하나님의 말씀을 듣고 끝나는 것이 아니라 들은 말씀대로 살아갈 수 있도록 지도한다는 것입니다. 의로운 사람이 되기 위해서는 엄격한 훈련을 받아야 합니다.

"네가 이것으로 형제를 깨우치면 그리스도 예수의 좋은 일꾼이 되어 믿음의 말씀과 네가 따르는 좋은 교훈으로 양육을 받으리라 망령되고 허탄한 신화를 버리고 경건에 이르도록 네 자신을 연단하라." (디모데전서 4:6-7)

바울은 디모데에게 예수님의 좋은 일꾼이 되기 위해서는 믿음과 말씀의 훈련을 반드시 받아야 한다고 했습니다. 훈련 없이는 하나님의 일꾼이 될 수 없습니다. 세상에 헛되고 헛된 것을 버리고 오직 하나님의 사람으로 거듭날 수 있는 경건의 훈련을 해야 합니다. 경건의 훈련은 세상에 더러운 죄악들 때문에 나를 더럽히지 않는 것입니다.

오늘날 어린이들은 세상 교육은 지나칠 정도로 받으면서도 정작 중요한 말씀에 대해서는 전혀 훈련을 받지 않고 있습니다. 오늘날 어린이들에게 중요한 것은 하나님을 아는 지식에 이르는 경건의 훈련입니다. 훈련 없이는 주님의 일꾼이 되지 못합니다.

4   성경 학습의 결과

"이는 하나님의 사람으로 온전하게 하며 모든 선한 일을 행할 능력을 갖추게 하려 함이라." (디모데후서 3:17)

사도 바울은 성경에는 놀라운 힘이 있다고 하였습니다. 성경은 '교훈, 책망, 바르게 함, 의로 교육' 하는 능력이 있다고 하였습니다. 이렇게 성경을 교육하면 반드시 결과가 나타납니다. 그 결과는 바로 하나님의 사람이 되는 것입니다. 하나님의 사람은 자신의 가치관을 기준 삼는 사람이 아니라, 하나님의 말씀이 기준이 되고 하나님의 나라를 위해 살아가는 사람입니다. 신앙의 궁극적인 목적은 하나님께 영광을 돌리며 사는 하나님의 사람이 되는 것입니다.

성경은 우리를 하나님의 온전한 사람으로 만들어 갑니다. 하나님의 사람은 세상에 방법으로 살아가는 사람이 아닙니다. 오직 말씀의 원리를 따라 사는 사람입니다.

> "오직 너 하나님의 사람아 이것들을 피하고 의와 경건과 믿음과
> 사랑과 인내와 온유를 따르며" (디모데전서 6:11)

하나님의 사람은 이 땅에 있는 것을 위해 살아가는 하루살이 인생이 아니라 영원을 준비하는 거룩한 사람입니다. 하나님의 사람은 의와 경건과 믿음과 사랑과 인내와 온유를 따라 살아야 합니다. 우리 아이들에게도 하나님의 사람으로 살아갈 수 있는 교육을 해야 합니다. 하나님의 사람으로 양육하기 위해서는 오직 성경으로 양육해야 합니다.

하나님의 사람은 어떤 일을 하던 선한 일을 행할 능력을 갖추고 있습니다. 죄로 가득 찬 사람은 선을 행할 능력이 없습니다.

> "선한 사람은 그 쌓은 선에서 선한 것을 내고 악한 사람은 그 쌓은 악에서 악한 것을 내느니라." (마태복음 12:35)

그 사람을 판단하는 기준의 하나는 태도와 행동을 보면 알 수 있습니다. 선한 행동은 하루아침에 되지 않습니다. 마음속에 선한 것이 쌓일 때 자연스럽게 선하고 의로운 행동이 나옵니다. 그러나 마음속에 악한 것이 가득한 사람은 자신도 모르게 악한 것을 드러내게 되어 있습니다. 마음속에 악한 것이 가득한 사람은 행동도

악하게 나오게 됩니다.

"독사의 자식들아 너희는 악하니 어떻게 선한 말을 할 수 있느냐 이는 마음에 가득한 것을 입으로 말함이라." (마태복음 12:34)

예수님은 악한 마음을 보시고 호되게 꾸짖으시기도 합니다. 악한 사람은 선한 말을 할 수 없다고 하셨습니다. 사람들의 마음을 아프게 하거나 무시하는 말을 하게 됩니다. 사람은 마음에 가득한 것을 말하고 행동하게 되어 있습니다. 하나님의 사람은 마음속에 선한 것을 가득 쌓도록 노력해야 합니다.

"비록 아이라도 자기의 동작으로 자기 품행이 청결한 여부와 정직한 여부를 나타내느니라." (잠언 20:11)

4부
이미지 성경학습의 실제

1 성경을 사모하기

성경은 마치 하나님 나라의 보물창고와 같습니다. 하나님은 성경에 아주 놀라운 보물을 묻어두셨습니다. 성경을 열어서 읽고 묵상하는 사람은 하늘에 신령한 복을 받지만, 성경을 알지 못하는 사람은 주님이 값없이 주시는 축복을 받지 못합니다.

성경 안에 있는 믿음의 사람들은 모두 하나님을 너무나 사랑했던 사람들이었습니다. 하나님의 나라를 위해 밤낮없이 수고했던 사람들입니다. 하나님을 사랑했던 사람들의 공통점을 뽑으라면 하나같이 성경을 너무도 사랑했다는 것입니다.

마치 사랑하는 사람이 보낸 연애편지를 읽듯이 사모하는 마음으로 성경을 읽었다는 것입니다. 사랑하는 사람들의 연애편지를 보면 서로에 대한 애틋한 사랑이 구절구절마다 묻어납니다. 그러나 당사자가 아닌 사람들이 보면 감동이 없고 유치할 수도 있습니다.

그러나 당사자들은 밤을 새워 읽고 또 읽어도 가슴 따뜻해지는 것이 연애편지입니다. 성경의 인물들은 이렇게 성경을 좋아하고 사모했습니다.

"주의 말씀을 조용히 읊조리려고 내가 새벽녘에 눈을 떴나이다." (시편 119:148)

시편을 기록한 다윗은 하나님의 말씀을 너무도 사랑하고 사모하였습니다. 말씀을 얼마나 사모했는지 이 밤이 빨리 지나고 아침이 오기를 기다렸습니다. 이른 새벽에 일찍 일어나 가장 먼저 주의 말씀을 읽고 묵상하기 위해 새벽을 기다렸습니다.

다윗은 왕이었기에 많은 업무가 있습니다. 때로는 나라를 보살피기 위해 일을 하다 밤늦게 잠자리에 들었을 것입니다. 그러나 다윗은 여전히 아침 일찍 일어나 가장 먼저 말씀을 펴고 말씀을 읽고 묵상하면서 하루를 시작하였습니다.

말씀교사도 시편 기자인 다윗을 본받아야 합니다. 하루에 일과를 시작하기 전에 가장 먼저 말씀을 읽고 묵상하므로 하루를 시작해야 합니다. 이렇듯 다윗은 말씀을 사랑하고 사모하였습니다. 다윗이 말씀을 이렇듯 사모한 이유가 있습니다.

"주의 말씀의 맛이 내게 어찌 그리 단지요 내 입에 꿀보다 더 다니이다." (시편119:103)

다윗은 주의 말씀이 너무나 달다고 했습니다. 말씀이 너무도 달아서 마치 입속에 꿀보다 더 달다고 하였습니다. 꿀보다 더 달다는 것은 정말 맛있는 음식을 빗대어 표현한 것입니다. 집안에서나 식당에서 맛있는 음식이 나올 때 사람들의 표정을 보면 찡그리거나 불평하는 사람은 없습니다. 맛있는 음식이 한입 가득 입가에 우물거릴 때 그 행복감은 누구나 느꼈을 것입니다. 조금이라도 더 음식의 맛을 음미하기 위해 씹고 또 씹기도 합니다. 다윗에게 말씀은 아주 맛있는 음식이나 꿀처럼 단 음식과도 같다고 하였습니다.

그러나 모든 사람에게 음식이 다 맛이 있는 것은 아닙니다. 몸이 아프고 병이 든 사람에게는 음식을 먹는 것이 고역입니다. 음식이 마치 혀 안에 굴러다니는 모래처럼 맛이 없습니다. 마찬가지로 영혼이 병든 사람은 말씀이 맛이 없습니다. 말씀을 읽고 묵상하는 것이 정말 힘들고 어렵게 느껴질 것입니다.

우리가 육체에 행위를 위해 잘 먹고 마셔야 하듯이 영혼의 힘을 위해서도 성경을 읽고 묵상해야 합니다. 성경을 읽고 묵상하지 않으면서 영혼의 강건함을 유지할 수 없습니다.

R.A 토레이 박사는 성경에 능력을 이렇게 말했습니다.

1) 말씀은 사람을 지혜롭게 합니다.

2) 말씀을 사람을 구원해 주는 능력이 있습니다.

3) 말씀은 죄를 알게 하고 회개하는 능력이 있습니다.

4) 말씀은 죄를 짓지 않고 회개하는 능력이 있습니다.

5) 말씀은 영생에 대한 소망을 주는 능력이 있습니다.

6) 말씀은 믿음을 성장하게 하는 능력이 있습니다.

7) 말씀은 마음의 평화를 주는 능력이 있습니다.

성경은 아주 강한 힘이 있습니다. 죄를 짓고 영원한 형벌을 받을 수밖에 없는 사람의 심령을 새롭게 하고, 영원한 생명을 얻게 해 주는 특별한 힘이 있습니다.

"하나님의 말씀은 살아 있고 활력이 있어 좌우에 날선 어떤 검보다도 예리하여 혼과 영과 및 관절과 골수를 찔러 쪼개기까지 하며 또 마음의 생각과 뜻을 판단하나니" (히브리서 4:12)

하나님의 말씀은 의사의 손에 들려 있는 수술칼과 같습니다. 의사가 병이 든 사람을 고쳐주기 위해 수술대 위에서 칼로 아픈 부위를 도려내듯이 하나님의 말씀은 의사의 손에 들려있는 칼처럼 강한 힘이 있습니다. 너무도 강한 힘이 있어 우리의 생각과 영혼 깊은 곳까지 찔러 쪼개서 악한 것을 제거합니다.

말씀은 조각가의 손에 들려있는 칼과도 같습니다. 조각가의 손에 있는 칼은 아름다운 조각을 위해 불필요한 것을 도려냅니다.

마찬가지로 말씀의 칼은 우리의 영혼 깊은 곳에 악한 것을 제거하고, 아름다운 믿음을 새겨놓는 힘이 있습니다.

성경 연구에 효과적인 방법

말씀교사는 성경에 대한 애정을 가지고 성경을 연구하는 시간을 투자해야 합니다. 성경은 남는 시간에 연구하는 것이 아닙니다. 하루 일과 중에 최우선 순위에 두고 시간을 투자해야 합니다.

성경을 효과적으로 학습하기 위해서는 관찰, 해석, 적용이 세 가지 원리가 필요합니다. 관찰은 읽고 있는 본문이 무엇을 말하고 있는 것인지를 아는 것입니다. 해석은 읽고 있는 본문이 무엇을 의미하는지를 아는 것입니다. 적용은 읽고 있는 본문을 내 삶에 어떻게 적용해야 하는지를 알아야 합니다.

성경을 학습할 때 관찰 • 해석 • 적용이라는 도구를 이용해서 읽고, 생각하고, 묵상해야 영적 성장에 도움을 줄 수 있습니다.

성경을 읽으면서 제일 중요한 것은 성경 저자인 하나님의 뜻을 아는 것입니다. 성경은 사람이 기록하였지만, 하나님의 감동으로 된 것입니다. 그래서 성경을 읽을 때도 하나님의 감동으로 읽어야 하나님의 뜻을 알고 믿을 수 있습니다. 그래서 성경을 읽는 우리는 말씀을 알고 묵상하는 것이 성경을 연구할 때 가장 중요한 핵심입니다.

2 성경을 장기기억 하기

　　　　　말씀교사는 성경을 읽는 수준을 뛰어넘어 묵상하고 기억하는 단계까지 가야 합니다. 말씀을 우리 마음 판에 새겨 넣기 위해서는 효과적인 학습법을 사용해야 합니다.

　옛날에는 오늘날처럼 성경이 인쇄되어 있지 않았습니다. 커다란 두루마리에 성경이 기록되었기에 성경을 가지고 다니면서 읽을 수가 없었습니다. 그래서 이스라엘 사람들은 말씀을 마음에 새기기 위해 기억하는 데 주력했습니다 .

　"인자와 진리가 네게서 떠나지 말게 하고 그것을 네 목에 매며 네 마음판에 새기라." (잠언 3:3)

　"이것을 네 손가락에 매며 이것을 네 마음 판에 새기라." (잠언 7:3)

하나님의 말씀을 마음 판에 새긴다는 것은 두뇌 안에 오랫동안 기억한다는 것입니다. 그리고 그 말씀을 항상 삶 속에서 적용하며 살기 위해 노력한다는 것입니다.

단기기억과 장기기억

사람의 기억은 단기기억과 장기기억이 있습니다. 단기기억은 외부에서 들어오는 정보를 잠깐 기억하고 잃어버리는 것입니다. 그러나 장기기억은 아주 중요한 정보를 오랜 시간 기억하는 것입니다.

성경은 아주 중요한 정보입니다. 그래서 성경은 우리의 두뇌 속에 영구적으로 기억하는 장기기억으로 기억해야 합니다. 장기기억은 두뇌 안에 커다란 집을 짓는 것과 같습니다. 중요한 정보를 잃어버리지 않게 하려고 두뇌의 집에 잘 보관해 놓는 것입니다.

그러나 단기기억은 마치 버스정류장과 같습니다. 버스는 정류장에서 오래 머물지 않습니다. 버스에 손님을 태우고 바로 사라집니다. 이것처럼 단기기억은 잠시 기억하고 잊어버립니다. 사람들은 중요한 정보가 아닐 때 잠시 기억하고 잊어버리는 것입니다. 인생에서 가장 중요한 정보는 하나님을 아는 것 곧 '성경'을 아는 것입니다. 이제 이 중요한 정보를 두뇌에 장기기억으로 모두 저장해야 합니다. 우리 두뇌의 장기기억에 용량은 무한대에 가깝다고 합니다. 사람이 평생 학습해도 우리 두뇌는 장기기억은 채워지지 않는다고 합니다.

　모든 정보가 무조건 장기기억에 저장되지 않습니다. 장기기억에 저장하기 위해서는 특별한 방법이 있어야 합니다. 학생들이 공부를 아무리 열심히 해도 장기기억에 저장되지 않으면 시험을 볼 때 생각이 나지 않아 낭패를 보는 경우가 있습니다. 장기기억에 정보가 저장되는 것은 생각처럼 쉬운 일은 아닙니다.

　어떤 내용이든 장기기억에 저장시키기 위해서는 그만큼 노력을 해야 합니다. 어떤 내용을 장기기억에 저장하기까지는 까다로운 절차를 요구합니다.

　두뇌를 연구하는 학자들이 보통사람과 천재들이 공부할 때에 두뇌 활동을 조사해 보았습니다. 그런데 놀랍게도 보통사람과 천재의 두뇌 활동량은 비슷했다고 합니다. 다만, 연구 결과에 의하면 천재와 보통사람에 차이는 두뇌의 용량에 차이가 있는 것이 아니라 공부하는 방법에 따라서 결과가 달라진다는 것을 알았습니다.

　천재들은 공부할 때 한 번 본 내용을 오랫동안 기억할 방법을 사용합니다. 그 방법 중의 하나가 바로 '이미지 연상기억법'입니다. 이미 알고 있는 정보에 새롭게 기억해야 할 정보를 연결해서 기억하는 것입니다. 사람의 두뇌는 새로운 것을 접했을 때 바로 기억하지 못합니다. 그러나 이미 익숙한 정보에 새로운 정보를 연결해 기억하면 두뇌는 어렵지 않게 기억할 수 있습니다.

두뇌를 연구하는 학자들이 적극적으로 추천하는 방법이 바로 '연상법'을 이용해서 공부하라는 것입니다. 사람의 두뇌는 말과 언어로 기억하는 것보다는 이미지와 연상법으로 기억하는 것을 훨씬 쉽게 기억할 수 있습니다. 성경을 효과적으로 오래 기억하고 싶다면 이미지 연상기억법을 사용하면 좋습니다.

이미지 연상기억법은 우뇌를 사용하는 방법입니다. 사람의 두뇌는 좌뇌와 우뇌로 되어 있습니다. 좌뇌보다는 우뇌가 장기기억에 저장하는 열쇠 역할을 합니다.

우뇌로 성경 학습하기

사람의 두뇌는 좋아하는 정보는 잘 받아들이지만 싫어하는 정보나 지루한 정보는 거부하는 습성이 있습니다. 마치 우리가 쇼핑할 때와 같습니다. 우리가 쇼핑할 때 사람의 기호에 따라 쇼핑하는 형태가 달라집니다. 자신이 좋아하는 것은 즐거운 마음으로 물건을 사지만 좋아하지 않은 물건에는 눈이 가지도 않습니다.

우리 두뇌도 날마다 세상 속에서 정보를 쇼핑하는 것과 비슷합니다. 자신이 좋아하는 정보나 필요한 정보는 두뇌 안에 쏙쏙 집어넣지만, 관심이 없는 정보는 입력하려 하지 않습니다.

먼저 우리는 말씀이 중요한 정보로 인식되어야 하는 것이 첫걸음입니다. 그래야 두뇌에 말씀이라는 정보를 입력할 수 있기 때문입니다. 말씀은 너무도 소중하고 중요한 정보이기에 단기기억에 저장하지 말고, 장기기억에 저장해야 합니다. 장기기억에 저장하기 위해서는 두뇌 원리를 알고 그 원리를 이용해야 합니다.

사람의 두뇌는 두 개의 기능을 하는 좌뇌와 우뇌가 있습니다. 좌뇌는 언어적, 분석적, 이성적, 계산적인 부분을 담당하고, 우뇌는 이미지, 상상력, 공간 능력, 감성적, 직관력 등을 담당합니다.

서로 다른 기능을 가진 좌뇌와 우뇌 사이에 뇌량이라는 다리가 있어서 서로 왕래하면서 도와주기도 합니다.

성경을 효과적으로 기억하기 위해서는 좌뇌와 우뇌를 동시에 사용해야 하지만 특히 우뇌를 많이 사용해야 합니다. 우뇌는 앞에서도 보았듯이 이미지와 상상력을 이용한 학습법입니다. 사람의 두뇌는 좌뇌적인 특성 즉 언어와 분석적 계산적인 것보다는 우뇌적인 이미지와 영상으로 기억하면 훨씬 오래 기억하는 특성이 있습니다.

우뇌를 이용해 성경을 학습하기 위해서는 먼저 기억해야 할 대상(언어)을 이미지로 전환하는 훈련을 해야 합니다. 이것이 이미지 기법입니다. 이미지로 전환한 대상을 상상력으로 상상하는 것입니다. 그리고 일정한 이야기를 만드는 것입니다. 이런 방법을 사용하면 놀랍게도 학습효과가 나타날 것입니다.

우뇌 기억법의 실제

효과적인 기억을 하기 위해서는 원하는 정보를 생생하고 구체적으로 이미지화해서 두뇌 안에 입력하는 것입니다. 우리가 어릴 때 재미있게 보았던 만화는 어른이 되어서도 이미지와 잔상이 남아 있습니다. 그 이유는 만화는 그림으로 되어 있고 재미있는 이야기로 되어 있기 때문입니다.

그래서 성경도 쉽고 오랫동안 기억하기 위해서 위뇌를 이용한 기억법이 필요합니다. 우뇌를 이용한 성경 기억법은 이미지와 영상으로 기억하는 학습법입니다. 이미지로 성경을 장기기억에 입력하기 원한다면 이미지를 표현하는 연습과 두뇌로 상상하는 연습을 많이 해야 합니다.

▶ 단어를 그림으로 전환하는 연습하기

교회   타락

부활 승천   하나님

영생을 얻다   십계명

① 나 외에는 다른 **신**들을 네게 두지 말라

② 우**상**을 만들지 말고, 섬기지 말라

③ 여호와의 **이름**을 망령되게 부르지 말라 (이름표그림)

④ **안식일**을 기억하여 거룩하게 **지키라** (지키라=발걸음)

⑤ 네 부모를 **공**경하라 (공경=공)

⑥ **살인**하지 말라 (살인=칼)

⑦ **간음**하지 말라

⑧ **도둑**질하지 말라

⑨ **거짓 증거**하지 말라 (거짓=도둑의 입술)

⑩ 네 **이웃의 집**을 탐내지 말라 (이웃의 집=물건에 X)

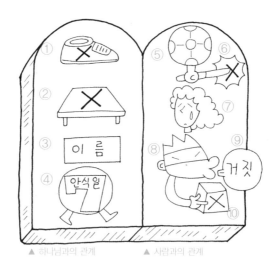

▲ 하나님과의 관계   ▲ 사람과의 관계

"태초에 하나님 천지를 창조하시니라." (창세기 1:1)

먼저 언어로 이루어진 성경 요절을 이미지로 전환해서 훈련합니다. 언어를 이미지로 전환하는 과정에서 자신도 모르게 우뇌가 개발되어 집니다.

위의 그림은 저자가 그림으로 요절을 표현한 것입니다. 이미지 요절을 몇 번이고 눈으로 보면서 외워보세요. 나중에는 눈을 감고 그림을 떠올리면서 그려보세요. 그러면 그림의 순서대로 생각나면서 요절을 외우고 있는 자신을 발견할 수 있습니다. 창세기 1장 1절 요절은 쉬워서 그 효과를 느끼지 못할 수도 있습니다. 하지만 요절이 길거나 어려운 요절에서는 이미지로 전환해서 외우는 방법의 효과를 더 느낄 수 있습니다.

3 성경 전체를 이미지로 학습하기

　　　　　성경을 공부하기 위해서는 효과적으로 학습하는 방법이 있어야 합니다. 성경은 무려 1,600년 동안 40여 명에 저자가 각기 다른 시대에 살면서 각기 다른 언어로 기록되었습니다. 성경을 잘 알기 위해서는 먼저 성경 전체를 보려고 노력해야 합니다.

　성경을 공부하는 두 가지 방법이 있는데 첫째는 비행기를 타고 공중에서 땅 전체를 바라보는 방법입니다. 하늘 위에서 땅 전체를 바라보면 우리가 몰랐던 부분을 볼 수 있습니다. 장엄한 삶과 아름다운 강물과 숲과 나무를 살펴볼 수 있습니다.

　성경을 보는 두 번째 방법은 현미경으로 물체를 자세히 살펴보듯이 보아야 합니다. 먼저 성경 전체를 보려고 노력하고 두 번째는 성경에 부분 부분을 자세히 살펴보아야 합니다. 이 두 가지 방법을 적절하게 사용하면 어렵게만 느껴졌던 성경을 공부하는 데

효과가 있을 것입니다.

앞에서 살펴본 것처럼 성경을 공부하기 위해서는 두 가지 방법이 있어야 한다고 했습니다.

① 비행기에서 위에서 보듯이 성경 전체를 보는 방법

② 현미경으로 물체를 관찰하듯이 성경의 부분을 자세히
   보는 방법

그렇다면 성경을 공부할 때 우선순위가 있습니다. 성경 전체를 공부하는 방법의 하나입니다.

1) 성경을 왜 읽는지를 알기

2) 성경개관 알기

3) 성경 12시대 알기

4) 성경 12시대 구조 알기

5) 성경 66권에 순서와 주제 알기

먼저 성경을 왜 읽어야 하는가를 알아야 합니다. 성경을 왜 읽어야 하는지를 모르면 성경을 공부하는 것이 지루하게 여겨집니다. 그리고 성경을 읽기 전에 성경에 대한 개관을 알아야 합니다.

성경 전체를 12시대로 구분하고 시대마다 그림을 그려서 외우는 것입니다. 성경 12시대를 이미지로 기억하면 쉽고 오랫동안 기억할 수 있습니다. 성경 12시대를 이미지로 공부한 후에는 성

127

경 12시대의 세부 구조가 있습니다. 각 시대의 구조도 이미지로 외우는 것입니다.

말씀교사는 먼저 성경 전체를 공부하는 방법을 알고, 어린이에게 알려 주어야 합니다. 말씀교사의 최고의 사명은 다음 세대에 말씀을 전수하는 것입니다. 다른 것을 아무리 잘해도 말씀을 전수하지 못하면 소용이 없습니다.

성경을 왜 읽어야 하는 이유 알기

세상 모든 것에는 뜻이 있고 목적이 있습니다. 하나님도 이 세상에 천하 만물을 지으실 때 목적과 뜻을 가지고 창조하셨습니다. 우리는 그 목적을 알고 그분의 뜻에 순종하고 살아야 행복한 인생이 됩니다.

성경은 사람들에게 하나님의 바른 뜻을 알려주는 편지와도 같습니다. 성경을 읽고 공부하지 않으면 하나님의 뜻을 알 수가 없습니다. 성경은 인류에게 바른길을 제시하고 있습니다. 성경은 사람들에게 하나님 나라로 가는 이정표를 제시하고 있습니다. 성경을 모르면 바른 이정표가 없어서 마음대로 행동하게 됩니다.

"그 때에 이스라엘에 왕이 없으므로 사람이 각기 자기의 소견에 옳은 대로 행하였더라." (사사기 21:25)

하나님에 대해 기록된 성경을 모르면 삶의 기준이 없어집니다. 사람이 살아가는 기준이 말씀 안에서 정확하지 않으면 바르게 살아갈 수가 없습니다. 사람들은 아무리 선한 사람도 본성이란 것이 있습니다. 인간의 마음속 깊은 곳에 있는 본성은 숨길 수가 없습니다.

사사기를 보면 왕이 없는 백성들, 기준이 없는 백성들의 모습 속에서 극도에 이기주의적인 행동이 나타나고 있습니다. 이기적인 것은 모두 내 기준에 맞게 이해하고 행동하는 것입니다.

지금 시대에 사는 우리는 법을 준수하며 살아갑니다. 죄를 지으면 법에 따라 판단을 받고 죄의 대가를 받습니다. 그러나 권력이 있고, 돈이 있는 사람은 죄를 지어도 법의 냉정한 판단을 받지 않습니다. 이리저리 법망을 빠져나갑니다. 이 세상 사람 누구도 사람이 만든 법이 공평하다고 느껴지지 않을 것입니다. 사람은 공평할 수가 없습니다. 하지만 성경은 정확하게 우리에게 바른 길을 제시해 주고 분명한 목적지를 알려주고 있습니다. 죄의 대가가 반드시 있음을 알려 줍니다.

성경을 왜 읽고 공부해야 하는 이유가 다음과 같습니다.

1. 성경을 읽는 것은 하나님의 명령입니다.

명령은 지켜도 되고 안 지켜도 되는 것이 아니라 꼭 지켜야 합니다. 예를 들어 군인에게 명령은 목숨과도 같은 것입니다. 군인이 명령에 순종하지 않으면 전쟁시 적에게 패할 수도 있습니다. 그리스도인은 하나님의 명령인 성경을 꼭 지켜야 합니다.

"너는 마음을 다하고 뜻을 다하고 힘을 다하여 네 하나님 여호와를 사랑하라." (신명기 6:5)

2. 성경은 방향을 알려주는 나침반입니다.

여행자가 여행 갈 때 반드시 필요한 것이 나침반입니다. 나침반은 험한 산중에서 길을 잃었을 때나 목적지의 방향을 잘 모를 때 동서남북 방향을 가르쳐 줍니다. 주님의 말씀은 우리 인생의 나침반입니다. 우리가 세상에서 분주하게 살다 보면 때로는 방향을 잃고 방황할 때가 있습니다. 이럴 때 말씀은 우리에게 하나님 나라로 갈 수 있는 방향을 알려 줍니다.

"예수께서 이르시되 내가 곧 길이요 진리요 생명이니 나로 말미암지 않고는 아버지께로 올 자가 없느니라." (요한복음 14:6)

3. 성경은 마음의 양식입니다.

사람에게 있어 가장 중요한 것은 의·식·주입니다. 그중에서도 먹는 것은 인간의 생존과 직결된 문제입니다. 사람은 먹어야 살 수 있습니다. 먹지 못하면 영양실조에 걸리고 병에 걸릴 수도 있습니다. 마찬가지로 영혼의 건강을 위해서도 말씀이라는 양식을 날마다 먹어야 합니다. 말씀을 어떤 날은 먹고, 어떤 날은 먹지 않는 것이 아니라 날마다 정기적으로 왕성하게 먹어야 영적으로 성장할 수 있습니다.

"예수께서 대답하여 이르시되 기록되었으되 사람이 떡으로만 살 것이 아니요 하나님의 입으로부터 나오는 모든 말씀으로 살 것이라 하였느니라 하시니" (마태복음 4:4)

4. 성경은 믿음이 자라게 합니다.

이 세상에 있는 모든 생명체의 공통점은 자라난다는 것입니다. 생명이 있는 한 성장한다는 것입니다. 만약 자라지 않는다면 생명은 죽은 것이나 다름없습니다. 사람은 태어나면서 주먹을 불끈 쥐고 우는 것으로 이 땅에 태어납니다. 갓난아이들은 배가 고프면 집안이 떠나가라 웁니다. 갓난아이가 우는 것은 배가 고프니 먹을 것을 달라는 신호입니다.

우는 아이에게 엄마가 젖을 물려주면 아이는 울음을 멈추고 젖을 열심히 먹습니다. 이렇듯 열심히 먹는 아이들은 건강한 아이로 자랍니다. 어린이가 잘 먹어야 성장하듯이 우리의 영혼도 성경을 열심히 읽고 공부할 때 성장할 수 있습니다.

"갓난아기들 같이 순전하고 신령한 젖을 사모하라 이는 그로 말미암아 너희로 구원에 이르도록 자라게 하려 함이라." (베드로전서 2:2)

5. 성경은 길을 안내하는 빛입니다.

빛은 사람에게 많은 도움을 줍니다. 사람이 살아갈 때 빛이 없다면 불편한 점이 많이 있을 것입니다. 빛이 있을 때 어둠 속에서도 원하는 길을 가고 원하는 것을 찾을 수 있습니다.

성경은 우리에게 빛과 같은 역할을 합니다. 말씀의 빛이 있어야 바른 길을 갈 수가 있습니다. 말씀의 빛이 우리의 인생길을 비출 때 세상이라는 어둠의 터널을 뚫고 주님의 나라로 달려갈 수 있습니다.

"주의 말씀은 내 발에 등이요 내 길에 빛이니이다."
(시편 119:105)

6. 성경은 죄를 이기게 하는 칼입니다.

사단은 믿는 사람을 넘어뜨리기 위해 쉬지 않고 일을 합니다. 사단이 믿는 사람들을 넘어뜨리는 데 사용하는 가장 강한 무기는 죄입니다. 사람은 연약해서 죄 앞에서 쉽게 굴복하고 죄로 말미암아 고통스러워 합니다.

죄는 사람의 노력이나 결단으로 이기기가 몹시 어렵습니다. 죄를 이기기 위해서는 성령님이 우리와 함께 해주셔야 합니다. 그리고 죄를 이기기 위해서는 말씀이 있어야 합니다. 말씀의 칼로 죄 짓게 하는 사단과 싸워야 합니다. 사단은 믿음으로 선포하는 말씀을 무서워합니다.

7. 성경은 마음의 거울입니다.

사람은 누구나 거울을 봅니다. 거울에 자신의 모습을 비추어 보면서 더러운 것이 묻거나 옷이 잘못되었는지를 살펴봅니다. 거울이 없다면 자신의 잘못된 모습을 보기가 어렵습니다.

성경은 우리 영혼의 거울과 같습니다. 성경을 보면서 자신에게 묻어 있는 죄들을 씻어 낼 수도 있고 잘못된 생각과 행동을 회개할 수 있습니다. 거울을 보지 않는 사람은 자신에게 더러운 것이 묻어 있는지 모르고 다니는 것처럼 성경을 보지 않으면 자신의 영혼에 어떤 죄가 묻어 있는지 모른 채 살아가게 됩니다. 이제 성경을 알아야 합니다. 성경을 읽고 알아가면서 자신의 영혼에 묻은 더러운 것을 씻어내야 합니다.

"누구든지 말씀을 듣고 행하지 아니하면 그는 거울로 자기의 생긴 얼굴을 보는 사람과 같아서 제 자신을 보고 가서 그 모습이 어떠했는지를 곧 잊어버리거니와" (야고보서 1:23~24)

▶ 그림으로 전환하는 보기

1. 성경을 읽는 것은 하나님의 명령입니다. ⟶

2. 성경은 방향을 알려주는 나침반입니다. ⟶

3. 성경은 마음의 양식입니다. ⟶

4. 성경은 믿음을 성장시켜 줍니다. ⟶

5. 성경은 길을 안내하는 빛입니다. ⟶

6. 성경은 죄를 이기게 하는 칼입니다. ⟶

7. 성경은 마음의 거울입니다. ⟶

▶ 전체그림 보기(기억하기 쉽게 배열)

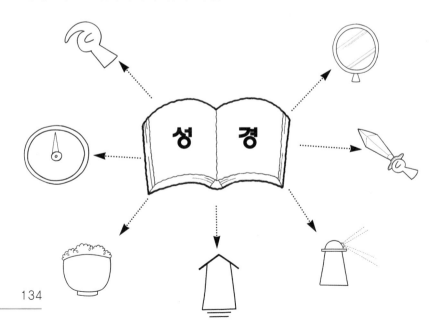

4 성경개관 알기

성경은 단시간에 기록된 것이 아닙니다. 무려 1,600년 동안 20여 가지의 직업을 가진 40여 명의 저자가 각기 다른 언어로 기록한 책입니다. 성경은 구약과 신약으로 나누어집니다. 구약은 1,500년 동안 기록되었고, 신약은 100년 동안 기록되었습니다.

놀라운 것은 1,600년이란 긴 시간을 두고 기록되었지만, 성경은 놀라운 통일성이 있습니다. 성경은 오랜 시간에 걸쳐 시대가 다르고 문화와 언어가 다른 배경에서 살았던 사람들이 기록했음에도 그 통일성은 흔들리지 않았다는 것입니다.

구약 성경은 창세기에서 말라기까지 39권으로 되어 있습니다. 구약 성경은 예수님이 오실 것에 대한 예표와 예언으로 가득하고 주제는 '예수님이 오실 것이다' 입니다. 신약 성경은 마태복음에서 요한계시록까지 27권으로 되어 있고 주제는 '예수님이 오셨다' 입니다. 구약 성경은 39권, 신약 성경은 27권 모두 66권으로 되어 있습니다.

구약 성경은 총 929장으로 되어 있고, 신약 성경은 총 260장으로 기록되어 있습니다. 성경은 사람의 아이디어나 상상력으로 기록한 것이 아닙니다.

"모든 성경은 하나님의 감동으로 된 것으로 교훈과 책망과 바르게 함과 의로 교육하기에 유익하니" (디모데후서 3:16)

성경은 하나님이 저자에게 계시해 주셔서 기록한 것입니다. 계시는 '감추인 것을 드러낸다.'는 뜻입니다. 하나님은 감추어진 하나님 나라의 비밀을 성경을 통해서 사람들에게 알려 주셨습니다. 성경은 잘 쓰인 문학작품이나 감동적인 이야기를 서술해 놓은 책이 아닙니다. 하나님이 자신의 뜻을 알려주기 위해 기록한 생명의 책입니다.

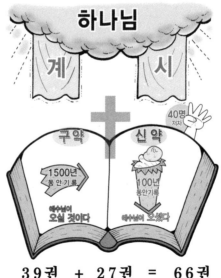

5 성경 전체를 12시대로 뼈대 세우기

성경 전체를 쉽게 이해하기 위해서 먼저 성경 12시대의 흐름을 이해해야 합니다. 성경 12시대를 아는 것은 마치 집을 짓는 기초공사와도 같습니다.

건물의 층이 높아질수록 기초공사가 튼튼해야 하는 것처럼 성경을 공부하기 위해서는 성경 전체의 흐름을 알고 있어야 합니다. 먼저 성경 12시대의 의미를 이해하고, 각 시대마다 이미지화하여 공부하여 보겠습니다.

구약

1. 창조시대
2. 족장시대
3. 해방시대
4. 정복시대
5. 사사시대
6. 통일왕국시대
7. 분열왕국시대
8. 포로시대
9. 귀환시대

신약

10. 복음시대
11. 교회시대
12. 전도시대

1. 창조시대
하나님이 아름다운 세상과 인간을 창조하셨고, 노아가 방주를 만들었던 시기

2. 족장시대
믿음의 조상인 아브라함을 비롯하여 이삭, 야곱, 요셉을 통해 히브리 민족이 태어나는 시기

3. 해방시대
400년간 노예로 고통받을 때 하나님이 해방시켜 약속의 땅으로 인도하고, 십계명을 받았던 시기

4. 정복시대
여호수아가 가나안 땅을 정복하고, 각 지파에 땅을 분배했던 시기

5. 사사시대
왕이 없던 시기로 하나님이 보내주신 사사들에 의해 통치를 받던 시기

6. 통일왕국시대
이스라엘이 가장 왕성했던 시기로 120년 동안 이스라엘이 하나가 되었던 시기

7. 분열왕국시대

인간의 죄로 이스라엘이 남과 북으로 갈라져 비참했던 시기

8. 포로시대

이스라엘 사람들이 바벨론의 포로로 끌려가 70년간 고통받던 시기

9. 귀환시대

포로로 잡혀갔던 이스라엘 사람들이 하나님의 도우심으로 3차에 걸쳐 돌아왔던 시기

10. 복음시대

하나님의 아들이신 예수님이 말씀을 성취하기 위해 이 땅에 탄생하시고, 사역하시고, 십자가에서 돌아가시고 부활한 장엄한 시기

11. 교회시대

성령이 오셔서 교회가 세워지고, 교회가 왕성하게 성장했던 시기

12. 전도시대

사도 바울이 복음을 듣지 못한 여러 나라에 전도했던 시기

성경 12시대와 세부내용

성경 12시대를 이미지화해서 공부했다면 이번에는 좀 더 세부
사항을 알아보기로 하겠습니다.

(1) 창조

하나님이 말씀으로 이 세상을 창조하시고, 하나님의 형
상으로 사람을 창조하시고 정복하고 다스리라는 사명을
주셨다(창세기 1-2장).

(2) 타락

죄와 고통이 세상에 들어왔던 시기로 사단이 뱀의 모양
으로 나타나 아담과 하와를 유혹하여 선악과를 먹게 만
들어 타락하게 했다.

(3) 노아의 방주

사람의 죄악이 온 세상에 가득하여 하나님은 물로 이 땅
을 심판하기로 하셨다. 하나님은 노아에게 방주를 만들
게 하여 그 가족과 세상을 구원하였다(창세기 6-10장).

(4)바벨탑

사람들이 교만한 마음으로 하나님보다 높아지기 위해 하
늘 높이 탑을 쌓기 시작했다. 하나님의 심판으로 서로의
말을 알아듣지 못하고 온 지면으로 흩어졌다(창세기 11장).

(1) 아브라함

믿음의 조상 아브라함이 부르심을 받아 가나안 땅에서 축복을 받기도 하고 고난을 받기도 했다(창세기 12-33장).

(2) 이삭

아브라함의 아들인 이삭은 순종을 잘하며, 마음이 온유한 사람으로 백 배의 축복을 받았다(창세기 24-26장).

(3) 야곱

야곱은 교활한 사람으로 술수를 부려 축복을 받으려다가 고향에서 쫓겨났다. 하지만 하나님과 겨루어 이긴 사람으로 이름을 이스라엘로 바꾸어 주셨다. 훗날 이스라엘 민족의 조상이 되었다(창세기 27-36장).

(4) 요셉

꿈쟁이 요셉은 형들의 미움을 받아 노예로 팔리게 된다. 그러나 애굽에서 하나님을 의지하고 애굽 왕의 꿈을 해석하고 애굽의 총리가 되었다(창세기 37-50).

(1) 해방

400년 동안 애굽에서 노예로 살던 이스라엘 백성들을 하나님이 모세를 통해 출애굽시키고 홍해를 건넜다(출애굽기 1-18장).

(2) 십계명

시내산에서 하나님께 모세에게 십계명을 주시고, 이스라엘 백성들에게 꼭 지키라고 명령했다(출애굽기19-40장).

(3) 불신앙

가데스바네아에서 하나님이 주신 약속의 땅을 정탐하기 위해 12명을 보냈으나 10명은 불신앙의 대답을 하고 여호수아와 갈렙은 믿음으로 신앙적인 대답을 했다. 백성들은 10명의 정탐꾼의 말을 듣고 하나님을 원망했던 시기 (민수기 10-14장).

(4) 40년 광야생활

가데스바네아에서 원망했던 대가로 40년간 광야에서 생활했고, 여호수아와 갈렙과 그들의 2세들만 가나안으로 들어갔다.

(1)요단강을 건너다

모세가 죽고 여호수아가 지도자가 되어 법궤를 메고 요
단강을 건너기 위해 발을 디디자 요단강이 갈라졌다(여호
수아 1-5장).

(2) 여리고성 정복

난공불락의 여리고성이 하나님의 말씀대로 순종하자 무
너졌다(여호수아 6장).

(3)가나안 땅 정복

여호수아와 백성들은 가나안 땅을 믿음으로 정복했다(여
호수아 7-12장).

(4) 가나안 땅 분배

여호수아와 백성들이 정복했던 땅을 지파마다 제비를 뽑
아 공평하게 땅을 나누어 주었다(여호수아 13-20장).

(1) 백성들의 죄악

여호수아가 죽고 사람들은 말씀의 교훈을 버리고 우상을 숭배하고 악한 죄를 범했다.

(2)사사선택

백성들이 죄를 범하자 다른 나라의 침략을 받고 고통스러워하자 하나님은 사사를 지도자로 세우시고 백성들을 지도하였다.

(3)죄의 악순환

백성들이 죄를 지으면 이방인의 공격으로 고통당하여 기도하며 하나님은 사사를 통해 백성들을 구원해 주고 백성들은 다시 죄를 짓는 일을 반복하였다. 백성들의 반복적인 죄로 하나님은 매우 슬퍼하셨습니다.

(4) 룻

룻은 모압에 사는 여인으로 효성과 신앙이 뛰어났다. 시어머니 나오미가 섬기는 하나님을 잘 섬기고, 훗날 예수님의 족보에 이름이 올라가는 은혜를 입었다.(룻)

(1) 사울

이스라엘 초대 왕 사울은 처음에는 신앙이 좋았지만, 훗날 불순종과 제사장 대신 제사를 드림으로 하나님께 버림받은 슬픈 왕이었다(삼상8-31장).

(2) 다윗

이스라엘의 2대 왕 다윗은 하나님의 마음에 들었던 최고의 왕이었다. 다윗은 거인 골리앗을 물리쳤고, 하나님을 잘 섬겼던 왕이었다(삼상15-삼하24장).

(3) 솔로몬

솔로몬은 다윗의 아들로 이스라엘의 3대 왕이었다. 솔로몬은 1,000번제를 드림으로 지혜를 얻었고, 많은 부와 명예를 얻었고 성전을 건축하였다. 하지만 이방의 우상을 들어오게 하고 숭배함으로 하나님께 벌을 받아 이스라엘을 분열되게 하였다.

(1) 왕국 분열의 시작

솔로몬 왕의 우상숭배로 이스라엘이 남과 북으로 갈라졌다.

(2) 북 이스라엘

솔로몬 왕에게 반역한 여로보암과 10지파가 북쪽에서 나라를 세웠다. 북 이스라엘의 왕들은 모두 악하였고, 바벨론에 의해 멸망했다(열왕기상, 하).

(3) 남 유다

르호보암과 2지파가 세운 나라로 남 유다의 왕들은 말씀대로 살다가도 말씀을 외면한 왕국이었다. 남유다도 결국 앗수르에게 멸망했다(열왕기상, 하).

(1) 포로 시대의 예언

하나님은 선지자를 보내어 이스라엘이 멸망할 것을 예언하였다. 특히 예레미야는 나라가 멸망하여 바벨론의 포로로 잡혀가 70년간 이방에 포로로 잡혀갈 것을 예언했다. 그러나 여전히 백성들은 죄를 회개하지 않았다.

(2) 포로 시대의 슬픔

바벨론의 포로 생활은 참으로 슬펐다. 이 중에 이방신에게 굽히지 않는 훌륭한 신앙을 가진 다니엘과 그의 세 친구가 있었다. 다니엘은 하루에 세 번 기도한 것으로 사자굴 속에 들어갔지만 살아 돌아왔다.

(3) 포로시대의 깨달음

포로가 된 이스라엘 백성들은 본국에서 하나님께 찬양하고 예배드리는 것이 얼마나 행복한지 알았다. 다니엘은 언젠가는 본국으로 돌아가 영광스러움을 회복할 것을 기록하였다.

(1) 포로귀환

하나님은 페르시아의 왕 고레스에게 기름을 부어 주전 538년에 바벨론을 멸망시키고, 이스라엘 백성으로 본국으로 귀환하도록 했다.

(2) 성전재건

1차 귀환은 제사장 스룹바벨의 인도로 본국으로 돌아왔다. 이스라엘 백성들은 폐허가 된 성전을 다시 세우고, 유월절을 지켰다.

(3) 영적재건

2차 귀환은 제사장 에스라의 인도로 본국으로 돌아왔다. 에스라는 백성들을 모두 모이게 하고 성경 통독 사경회를 열었다. 백성들은 눈물을 흘리며 자신의 죄를 회개하였다.

(4) 성벽재건

3차 귀환은 느헤미야의 인도로 본국으로 돌아왔다. 느헤미야는 폐허가 된 성벽을 재건하기 위해 백성들과 더불어 52일 만에 성벽을 완성했다.

(1) 예수님 탄생

400년 동안의 침묵을 깨고 구약에서 예언된 하나님의 아들 예수님이 예루살렘에서 동정녀 마리아에게서 태어나셨다.

(2) 예수님의 3년 사역

예수님의 사역 시작은 세례 요한에게 세례를 받으시고 시작하셨다. 예수님은 열두 제자를 세워 3년 동안 말씀을 전하시고 많은 이적을 행하면서 하나님 나라를 전하셨다.

(3) 예수님이 지신 십자가

예수님은 죄인된 인간을 구원하기 위해 십자가에서 돌아가셨다. 인류의 죄를 대신하여 돌아가심으로 이를 믿는 자들은 구원을 얻을 수 있게 되었다.

(4) 예수님의 부활과 승천

예수님은 십자가에서 돌아가시고 삼 일 만에 죽음을 이기시고 부활하셨다. 그리고 제자들이 보는 가운데 하나님 나라로 승천하셨다.

(1) 교회의 탄생

예수님이 하늘로 올라가신 후 기도하는 제자들에게 성령
이 임하셨다. 성령님이 오시자 이 땅에 교회가 세워졌다
(행 1-5장).

(2) 교회의 성장

성령 받은 제자들은 강하고 담대하게 복음을 전하였다.
베드로의 설교를 들은 사람들은 죄를 회개하고 예수님을
믿었다. 교회는 빠른 속도로 성장하였다(행 6).

(3) 교회의 핍박

교회가 성장하자 제사장들이 시기하여 교회를 핍박하였
다. 이 때 스데반 집사는 돌에 맞아 첫 순교자가 되었다
(행 7장).

(4) 교회의 확장

교회에 핍박이 심해지자 제자들은 사마리아와 다른 나라
로 흩어져 복음을 전하고 교회를 세웠다(행 8-12장).

(1) 바울의 1차 전도여행

기독교인을 핍박했던 바울이 회개하고 다른 나라로 전도여행을 떠났다. 이방교회의 중심지인 안디옥 교회에서 파송을 받은 바나바와 바울은 이방인들에게 복음을 전파하기 시작했다(행13-14).

(2) 바울의 2차 전도여행

바울은 성령의 인도하심으로 유럽에 가서 복음을 전했다. 바울과 실라가 빌립보 감옥에 갇혀 하나님을 찬양하고 기도할 때 옥문이 열리고, 간수가 예수님을 영접하는 일도 있었다(행 15-17장).

(3) 바울의 3차 전도여행

바울은 자신이 세운 교회를 돌아보고, 성도들을 격려하기 위해 3차 전도여행을 떠났다(행18-20장).

(4) 바울의 로마 전도여행

바울은 예루살렘에서 복음을 전하다가 체포되었다. 바울은 로마로 이송되었고, 죄수의 신분으로 복음을 전하다가 순교하였다.

6 성경목록
이미지로 외우기

〈구약성경의 세 가지 구조〉

역사서 17권, 시가서 5권, 예언서 17권

〈신약성경의 세 가지 구조〉

역사서 5권, 서신서 21권, 예언서 1권

1. 구약성경 목록보기 (39권)

역사서		시가서	예언서	
창세기	여호수아	욥기	이사야	호세아
출애굽기	사사기	시편	예레미야	요엘
레위기	룻기	잠언	예레미야애가	아모스
민수기	사무엘상	전도서	에스겔	오바댜
신명기	사무엘하	아가	다니엘	요나
율법서	열왕기상			미가
	열왕기하			나훔
	역대상			하박국
	역대하			스바냐
	에스라			학개
	느헤미야			스가랴
	에스더			말라기

(1) 역사서(17권)

▶율법서 5권

창세기	출애굽기	레위기	민수기	신명기
◐ 주제 창조의 하나님	◐ 주제 애굽에서 해방	◐ 주제 제사의식(성결)	◐ 주제 유대인의 인구조사	◐ 주제 율법을 되새김
◐ 저자 모세	◐ 저자 모세	◐ 저자 모세	◐ 저자 모세	◐ 저자 모세

▶역사서 (12권)

여호수아	사사기	룻기	사무엘상하	열왕기상하
◐ 주제 가나안 정복	◐ 주제 죄와 하나님의 사랑	◐ 주제 메시야의 족보에 오른 여인	◐ 주제 사울과 다윗 생애	◐ 주제 왕국분열과 포로됨
◐ 저자 여호수아	◐ 저자 미상	◐ 저자 미상	◐ 저자 미상	◐ 저자 미상

역대상하	에스라	느헤미야	에스더
◐ 주제 다윗왕가와 유다왕가	◐ 주제 성전재건과 영적부흥	◐ 주제 예루살렘 성벽 재건	◐ 주제 유대인의 구출
◐ 저자 에스라	◐ 저자 에스라	◐ 저자 느헤미야	◐ 저자 미상

(2) 시가서(5권)

욥기	시편	잠언	전도서	아가

- 주제
의인의 고난

- 주제
하나님 찬양

- 주제
지혜의 책

- 주제
인생의 헛됨

- 주제
부부의 사랑

- 저자
미상

- 저자
다윗 외 다수

- 저자
솔로몬 외 다수

- 저자
솔로몬

- 저자
솔로몬

(3) 예언서(대선지서와 소선지서)
▶대선지서(5권)

이사야	예레미야	예레미야애가	에스겔	다니엘

- 주제
하나님의 구원

- 주제
유다의 포로
예언

- 주제
예루살렘을 향한
슬픔

- 주제
이스라엘의
심판과 회복

- 주제
역사를 주관하시는
하나님

- 저자
이사야

- 저자
예레미야

- 저자
예레미야

- 저자
에스겔

- 저자
다니엘

▶소선지서(12권)

호세아

◐ 주제
하나님의 사랑

◐ 저자
호세아

요엘

◐ 주제
임박한
여호와의 날

◐ 저자
요엘

아모스

◐ 주제
하나님의 공의

◐ 저자
아모스

오바댜

◐ 주제
에돔의 멸망

◐ 저자
오바댜

요나

◐ 주제
이방에 대한
하나님의 사랑

◐ 저자
요나

미가

◐ 주제
유다에 임할
심판과 회복

◐ 저자
미가

나훔

◐ 주제
니느웨의 멸망

◐ 저자
나훔

하박국

◐ 주제
의인은 믿음으로
살리라

◐ 저자
하박국

스바냐

◐ 주제
남은 자의 구원

◐ 저자
스바냐

학개

◐ 주제
성전 재건

◐ 저자
학개

스가랴

◐ 주제
이스라엘 승리의
미래

◐ 저자
스가랴

말라기

◐ 주제
하나님의 책망과
약속

◐ 저자
말라기

2. 신약성경 목록보기 (27권)

역사서	서신서				예언서
마태복음 마가복음 누가복음 요한복음 사도행전	**복음서** 로마서 고린도전서 고린도후서 갈라디아서 에베소서 빌립보서 골로새서 데살로니가전서 데살로니가후서	디모데전서 디모데후서 디도서 빌레몬서	히브리서 야고보서 베드로전서 베드로후서 요한1서 요한2서 요한3서 유다서		요한계시록
	바울서신		**일반서신**		

(1) 역사서(5권)

▶ 복음서 4권   ▶ 교회역사 1권

마태복음	마가복음	누가복음	요한복음	사도행전

◎ 주제	◎ 주제	◎ 주제	◎ 주제	◎ 주제
왕이신 예수님	종되신 예수님의 고난	인자이신 예수님	하나님의 아들 예수	교회 시작, 성령의 능력
◎ 저자	◎ 저자	◎ 저자	◎ 저자	◎ 저자
마태	마가	누가	사도 요한	누가

(2) 서신서(21권)

▶ 바울서신

로마서	고린도전서	고린도후서	갈라디아서	에베소서

🔵 주제	🔵 주제	🔵 주제	🔵 주제	🔵 주제
믿음으로 의롭다하심	고린도교회 문제해결	바울의 자기변호	자유 복음	그리스도의 몸된 교회
🔵 저자	🔵 저자	🔵 저자	🔵 저자	🔵 저자
사도 바울	사도 바울	사도 바울	사도 바울	사도 바울

빌립보서	골로새서	데살로니가전서	데살로니가후서

🔵 주제	🔵 주제	🔵 주제	🔵 주제
그리스도 안에서 기쁨	교회의 머리되신 예수님	그리스도의 재림	주의 날을 알라
🔵 저자	🔵 저자	🔵 저자	🔵 저자
사도 바울	사도 바울	사도 바울	사도 바울

디모데전서	디모데후서	디도서	빌레몬서

🔵 주제	🔵 주제	🔵 주제	🔵 주제
바른 지도자	그리스도의 좋은 군사	교회생활의 지침	용서와 사랑
🔵 저자	🔵 저자	🔵 저자	🔵 저자
사도 바울	사도 바울	사도 바울	사도 바울

▶ 일반서신

히브리서

◆ 주제
예수님은 대제사장

◆ 저자
미상

야고보서

◆ 주제
믿음은 행함으로

◆ 저자
야고보(예수의 형제)

베드로전서

◆ 주제
고난받는 그리스도인의 위로

◆ 저자
베드로

베드로후서

◆ 주제
그리스도 안에서 성장

◆ 저자
베드로

요한일서

◆ 주제
사랑 안에 교제

◆ 저자
사도 요한

요한이서

◆ 주제
진리 안에 거하라

◆ 저자
사도 요한

요한삼서

◆ 주제
사랑의 접대

◆ 저자
사도 요한

유다서

◆ 주제
믿음을 위한 싸움

◆ 저자
유다(예수의 동생)

(3) 예언서(1권)

요한계시록

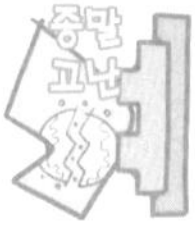

◆ 주제
종말의 고난

◆ 저자
사도 요한

7 이미지로 요절 암송하기

예수님은 어려서부터 말씀으로 양육된 분이십니다. 예수님께서 사명을 감당하기 위해서 40일간 광야에서 금식하셨습니다. 그때 사단은 육신적으로 지친 예수님에게 접근하여 넘어뜨리려고 공격하였습니다. 그때 예수님은 말씀으로 사단을 물리치셨습니다. 말씀은 사단을 물리치는 능력이 있습니다. 그 능력은 평소 말씀을 많이 암송해야 가능합니다.

1. 말씀을 암송하는 자세

(1) 하나님을 사랑하는 마음이 있어야 합니다.

(2) 말씀에 대한 사모함이 있어야 합니다.

(3) 말씀을 깨닫게 해달라고 성령님께 기도합니다.

(4) 시간을 투자해야 합니다.

(5) 많이 듣고 읽어야 합니다.

(6) 이미지와 영상으로 암기해야 합니다.

(7) 주야로 묵상해야 합니다.

2. 성경 요절 암송의 중요성

말씀을 듣기만 하는 것은 나의 말씀이라고 할 수 없습니다. 하나님의 말씀도 듣기만 하는 소극적인 자세를 버리고, 이해하고 암기하여 살아 있는 내 말씀으로 만들어야 합니다.

(1) 세상의 죄를 이길 힘은 말씀밖에 없습니다.

(2) 듣기만 하는 신앙을 버리고 참 신앙인이 되기 원해서입니다.

(3) 아이들의 인생과 영원히 동행해줄 예수님의 손을 잡게
    하기 위해서 말씀을 암송해야 합니다.

(4) 말씀을 암송하면 지혜로운 사람이 될 수 있습니다.

(5) 성경은 하나님 나라의 지도와도 같아서 천국 가는 길을
    안내해 줍니다.

(6) 하나님의 뜻을 알기 위해서 읽습니다.

3. 우뇌를 이용한 말씀학습법의 기본개념

(1) 좌뇌에서 우뇌로 옮겨본다.

(2) 이미지와 상상력을 활용한다.

(3) 상상화된 전체를 도형화한다.

(4) 연상과 조합하여 전체도형을 이야기로 만들어본다.

1. 창조

"태초에 하나님이 천지를 창조하시니라"(창세기 1:1)

① 태초에　　② 하나님이　　③ 천지를　　④ 창조하시니라

"하나님이 자기 형상 곧 하나님의 형상대로 사람을 창조하시
되 남자와 여자를 창조하시고"　(창세기 1:27)

①하나님이
자기 형상　　②곧 하나님의
형상대로　　③사람을
창조하시되　　④남자와 여자를
창조하시고

"하나님이 그들에게 복을 주시며 하나님이 그들에게 이르시
되 생육하고 번성하여 땅에 충만하라, 땅을 정복하라, 바다
의 물고기와 하늘의 새와 땅에 움직이는 모든 생물을 다스리
라 하시니라"　(창세기 1:28)

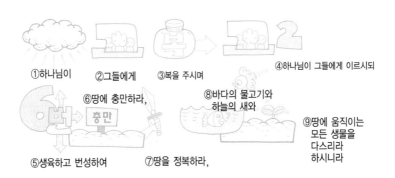

①하나님이　　②그들에게　　③복을 주시며　　④하나님이 그들에게 이르시되

⑥땅에 충만하라　　⑧바다의 물고기와
하늘의 새와　　⑨땅에 움직이는
모든 생물을
다스리라
하시니라

⑤생육하고 번성하여　　⑦땅을 정복하라,

2. 죄

"욕심이 잉태한즉 죄를 낳고 죄가 장성한즉 사망을 낳느니라" (야고보서 1:15)

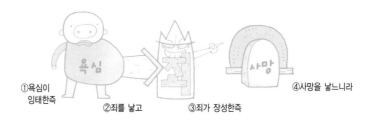

"죄의 삯은 사망이요 하나님의 은사는 그리스도 예수 우리 주 안에 있는 영생이니라"(로마서 6:23)

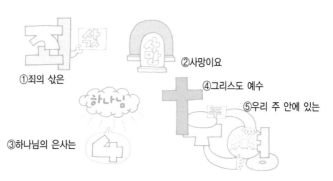

"모든 사람이 죄를 범하였으매 하나님의 영광에 이르지 못하더니" (로마서 3:23)

3. 예수님

"보라 세상 죄를 지고 가는 하나님의 어린 양이로다"
(요한복음 1:29)

①보라   ②세상 죄를 지고 가는   ③하나님의 어린 양이로다

"하나님이 세상을 이처럼 사랑하사 독생자를 주셨으니 이는 그를 믿는 자마다 멸망하지 않고 영생을 얻게 하려 하심이라" (요한복음 3:16)

①하나님이 세상을   ②이처럼 사랑하사 독생자를 주셨으니
③이는 그를 믿는 자마다   ④멸망하지 않고   ⑤영생을 얻게 하려 하심이라

"우리가 아직 죄인 되었을 때에 그리스도께서 우리를 위하여 죽으심으로 하나님께서 우리에 대한 자기의 사랑을 확증하셨느니라" (로마서 5:8)

①우리가 아직 죄인 되었을 때에   ②그리스도께서 우리를 위하여   ③죽으심으로   ④하나님께서 우리에 대한   ⑤자기의 사랑을 확증하셨느니라

"영접하는 자 곧 그 이름을 믿는 자들에게는 하나님의 자녀가 되는 권세를 주셨으니" (요한복음 1:12)

③하나님의 자녀가 되는 권세를 주셨으니

②그 이름을 믿는 자들에게는

①영접하는 자 곧

"볼지어다 내가 문 밖에 서서 두드리노니 누구든지 내 음성을 듣고 문을 열면 내가 그에게로 들어가 그와 더불어 먹고 그는 나와 더불어 먹으리라"(요한계시록 3:20)

③누구든지 내 음성을 듣고

⑦그는 나와 더불어 먹으리라

①볼지어다

⑤내가 그에게로 들어가

⑥그와 더불어 먹고

②내가 문 밖에 서서 두드리노니

④문을 열면

"예수께서 이르시되 내가 곧 길이요 진리요 생명이니 나로 말미암지 않고는 아버지께로 올 자가 없느니라" (요한복음 14:6)

②곧 길이요

④생명이니

①예수께서 이르시되 내가

③진리요

⑤나로 말미암지 않고는

⑥아버지께로 올 자가 없느니라

구원초청 이미지 요절 30

1. 히브리서 3:4 집마다 지은 이가 있으니 만물을 지으신 이는 하나님이시라
2. 창세기 1:1 태초에 하나님이 천지를 창조하시니라
3. 창세기 1:27 하나님이 자기 형상 곧 하나님의 형상대로 사람을 창조하시되 남자와 여자를 창조하시고
4. 창세기 1:28 하나님이 그들에게 복을 주시며 하나님이 그들에게 이르시되 생육하고 번성하여 땅에 충만하라, 땅을 정복하라, 바다의 물고기와 하늘의 새와 땅에 움직이는 모든 생물을 다스리라 하시니라
5. 창세기 2:7 여호와 하나님이 땅의 흙으로 사람을 지으시고 생기를 그 코에 불어넣으시니 사람이 생령이 되니라
6. 시편 139:14 내가 주께 감사하옴은 나를 지으심이 심히 기묘하심이라 주께서 하시는 일이 기이함을 내 영혼이 잘 아나이다
7. 야고보서 1:15 욕심이 잉태한즉 죄를 낳고 죄가 장성한즉 사망을 낳느니라
8. 로마서 3:10 기록된 바 의인은 없나니 하나도 없으며
9. 로마서 6:23 죄의 삯은 사망이요 하나님의 은사는 그리스도 예수 우리 주 안에 있는 영생이니라
10. 로마서 3:23 모든 사람이 죄를 범하였으매 하나님의 영광에 이르지 못하더니
11. 이사야 59:2 오직 너희 죄악이 너희와 너희 하나님 사이를 갈라 놓았고 너희 죄가 그의 얼굴을 가리어서 너희에게서 듣지 않으시게 함이니라
12. 잠언 14:12 어떤 길은 사람이 보기에 바르나 필경은 사망의 길이니라
13. 히브리서 9:27 한번 죽는 것은 사람에게 정해진 것이요 그 후에는 심판이 있으리니
14. 마가복음 9:48 거기에서는 구더기도 죽지 않고 불도 꺼지지 아니하느니라
15. 마가복음 9:49 사람마다 불로써 소금 치듯 함을 받으리라
16. 요한복음 1:29 보라 세상 죄를 지고 가는 하나님의 어린 양이로다
17. 요한복음 3:16 하나님이 세상을 이처럼 사랑하사 독생자를 주셨으니 이는 그를 믿는 자마다 멸망하지 않고 영생을 얻게 하려 하심이라

18. 디모데전서 2:5 하나님은 한 분이시요 또 하나님과 사람 사이에 중보자도 한 분이시니 곧 사람이신 그리스도 예수라

19. 로마서 5:8 우리가 아직 죄인 되었을 때에 그리스도께서 우리를 위하여 죽으심으로 하나님께서 우리에 대한 자기의 사랑을 확증하셨느니라

20. 고린도전서15:3-4 내가 받은 것을 먼저 너희에게 전하였노니 이는 성경대로 그리스도께서 우리 죄를 위하여 죽으시고 장사 지낸 바 되셨다가 성경대로 사흘 만에 다시 살아나사

21. 베드로전서 3:18 그리스도께서도 단번에 죄를 위하여 죽으사 의인으로서 불의한 자를 대신하셨으니 이는 우리를 하나님 앞으로 인도하려 하심이라 육체로는 죽임을 당하시고 영으로는 살리심을 받으셨으니

22. 이사야 53:6 우리는 다 양 같아서 그릇 행하여 각기 제 길로 갔거늘 여호와께서는 우리 모두의 죄악을 그에게 담당시키셨도다

23. 요한복음 1:12 영접하는 자 곧 그 이름을 믿는 자들에게는 하나님의 자녀가 되는 권세를 주셨으니

24. 요한계시록 3:20 볼지어다 내가 문 밖에 서서 두드리노니 누구든지 내 음성을 듣고 문을 열면 내가 그에게로 들어가 그와 더불어 먹고 그는 나와 더불어 먹으리라

25. 요한복음 14:6 예수께서 이르시되 내가 곧 길이요 진리요 생명이니 나로 말미암지 않고는 아버지께로 올 자가 없느니라

26. 에베소서 2:8 너희는 그 은혜에 의하여 믿음으로 말미암아 구원을 받았으니 이것은 너희에게서 난 것이 아니요 하나님의 선물이라

27. 로마서 10:9 네가 만일 네 입으로 예수를 주로 시인하며 또 하나님께서 그를 죽은 자 가운데서 살리신 것을 네 마음에 믿으면 구원을 받으리라

28. 로마서 10:10 사람이 마음으로 믿어 의에 이르고 입으로 시인하여 구원에 이르느니라

29. 요한일서 5:13 내가 하나님의 아들의 이름을 믿는 너희에게 이것을 쓰는 것은 너희로 하여금 너희에게 영생이 있음을 알게 하려 함이라

30. 요한복음 5:24 내가 진실로 진실로 너희에게 이르노니 내 말을 듣고 또 나 보내신 이를 믿는 자는 영생을 얻었고 심판에 이르지 아니하나니 사망에서 생명으로 옮겼느니라

해피비전
HAPPY——

해피비전
HAPPY